空海の哲学

竹村牧男

講談社現代新書

2567

はじめに　今、なぜ空海の哲学なのか

「万能の天才」

空海（七七四〜八三五）は、日本仏教界の最高峰と言っても過言ではないであろう。平安時代、唐に渡り国際都市・長安まで達して、当時、最新の仏教であった密教を恵果阿闍梨《けいかあじゃり》（七四六〜八〇五）より余すところなく継承してこれを日本に伝えた。

帰朝後、その密教を広める活動を精力的におこない、その後の日本文化の形成に大きな役割を果たした。都から遠く離れた山岳地帯の高野山を拓いて自己の本拠とし、一方、朝廷から都に東寺《とうじ》を賜って護国の道場とした。金剛界・胎蔵界の両部の曼荼羅《まんだら》を将来し、密教の奥深い哲理を多くの著作に示し、密教儀礼や独自の修行を指導し、寺院建築等にも長安での見聞を生かして指揮するなど、時代に新たな仏教を訴えた。東大寺の別当になるだけでなく、南都仏教界のほとんどを密教化してしまった。宮中にも親近して受容され、密教により国家の安寧を祈る修法の恒例化にも成功した。

また空海は、仏教の偉大な祖師であるだけでなく、詩文に秀で、さらに書に優れていることは誰もが知っていることであろう。『文鏡秘府論《ぶんきょうひふろん》』という、本格的な漢詩論の書物も著している。一方、空海の書は、多彩な書法も披露されているが、『風信帖《ふうしんじょう》』などの格調高い書は、後世の書家のほとんどすべての人を魅了している。のみならず、広大な満濃池《まんのういけ》の修築工事を担当するなど、さまざまな社会活動も展開した。日本で初めての庶民のための学校、綜芸種智院《しゅげいしゅちいん》を開設したりもした。真偽のほどは定かでないが、「いろは歌」を作ったのは空海であるという。いかにもありそうな話である。そのように空海は、宗教面、文化面、社会面等において、すべて尋常ならざる大きな活動を果たしたのであり、その並外れた天才ぶりには定評がある。

また、そのあまりにも偉大な人間性のゆえに、空海自身が崇敬の対象となり、南無大師《なむだいし》遍照金剛《へんじょうこんごう》の宝号を唱えればどんな望みもかなうとの信仰も広がった。さらにお遍路のような魅力的な巡礼の場も形成された。日本では歴史上、大師号を授与された名僧は少なからずいようが（貞観八年〈八六六〉の伝教大師＝最澄《さいちょう》、慈覚大師〈円仁《えんにん》〉から、大正十一年〈一九二二〉の立正大師〈日蓮《にちれん》〉まで、二十数名いるという）、お大師様といえば、すなわち空海のことである。「弘法は筆を選ばず」とか、そのお大師様をめぐるさまざまな逸話が人びとのあいだに行き渡っていった。あるいは、その地の温泉を開いたのは空海であるとの伝承は、全国各地に残っている。

このような空海の偉大性を、多くの人びとが讃嘆し、尊崇してきた。一例に理論物理学でノーベル賞を受賞した湯川秀樹は、「長い日本の歴史の中でも、空海というのは、ちょっと比較する人がいないくらいの万能的な天才ですね。そこまでは最近、再認識されだしたが、私はもっと大きく、世界的なスケールで見ましても、上位にランクされるべき万能の天才だと思うのです」と言い、「世界的に見ましても、アリストテレスとかレオナルド・ダ・ヴィンチとかいうような人と比べて、むしろ空海のほうが幅広い。また当時までの日本の思想・文化の発達状況を見ますと、思想・芸術、それに学問・技術の分野で時流に抜きんでていた。突然変異的なケースですね」と述べている（『日本史探訪 第二集』、角川書店、一九七一年）。

空海の思想の見取り図

空海はこれほどまでに日本文化に大きな影響を与え、多くの民衆に今も慕われつづけている。と同時に、空海の密教における独特の言語哲学や曼荼羅思想は、現代の最先端の哲学ともじゅうぶん対話しうる深みを湛《たた》えている。空海の言語哲学によれば、言語はその一義的な意味の体系を解消して、事物の多義性に呼応したシステムとして了解・運用されるべきであるという。ここには、近代合理主義を超克する一つの存外、有力な道としての可能性がある。曼荼羅思想は、共生ということの究極的なモデルを提供しうるものでもある。あるいは自己を曼荼羅そのものと洞察する視点は、自我の解体と自己の構築をもたらすであろう。まさに現代の最大の問題である他者の問題への独創的な視点を秘めている。こうして、空海の思想は、現代の境位においてこそ、深く顧みられるべきものなのである。

ゆえに我々は我々の偉大な先人、空海の思想をもっと研究し究明すべきである。そのような空海については、これまでたしかにさまざまな優れた本も刊行されてきた。伝記では、渡辺照宏・宮坂宥勝の『沙門空海』や、司馬遼太郎の『空海の風景』などがある。空海の著作の解説で、人びとが手に取りやすいものとしては、加藤精一(角川ソフィア文庫)、宮坂宥勝(ちくま学芸文庫)、福田亮成(ノンブル社)、松長有慶(春秋社)らの、それぞれ一連の著作がある。新書にも、空海の文芸に着目したもの(篠原資明・岩波新書)や、テキストの真偽に大胆な新説を披瀝したもの(竹内信夫・ちくま新書)などがある。

しかし、それらのなかで、特に空海の思想に関して、まとまったかたちでわかりやすく説明したものは、けっして多くない。たしかに訳注や現代語訳等は、それぞれのテキストの思想をひととおり解説してくれているが、それらが空海の思想全体のなかで、どのような位置を占め、相互にどのような関係にあるのか、その全体像の見取り図まで示してくれているものは、案外、少ないと思う。あれほどまでに仏教界の知の巨人である空海の、特にその思想についてのまとまった適切な解説書は、必ずしも多くはない。

そこで私は、特に密教に関しては浅学菲才の身であることをも顧みず、空海の思想、哲学の比較的わかりやすい本を作りたいと思うようになった。

その背景には、私自身の仏教思想追究の足取りの、おのずからの展開という側面もある。私はこれまで、唯識思想や、『大乗起信論《だいじょうきしんろん》』、華《け》厳《ごん》思想等を学んできた。さらに東洋大学においては、日本仏教の担当となり、各宗祖師方の思想も学んできた。とりわけ大学院では、空海のテキスト、『弁顕密二教論《べんけんみつにきょうろん》』や『秘蔵宝鑰《ひぞうほうやく》』等、基本的なものを順に講読してきた。そうしたなか、空海の奥深い世界に、次第に魅了されるようになってきた。

しかも空海の『秘密曼荼羅十住心論《ひみつまんだらじゅうじゅうしんろん》』『秘蔵宝鑰』に示された十住心思想では、顕教の最高の位置に華厳思想を置き、その上に真言《しんごん》密教を置いている。法相《ほっそう》宗（唯識）、三論《さんろん》宗（中観）、天台宗を経て、第九住心・極無《ごくむ》自性心《じしょうしん》（華厳宗）の上に、第十住心・秘密荘厳心を置くのである。はたして、顕教において頂点とされた華厳思想の上に、さらにどのような世界が開けているのであろうか。このことは、華厳思想をも手掛けた私にとって、大きな課題となったのであった。空海を理解しなければ、仏教の理解に不足の一角を残すことになろう。

そのような次第なので、およそ仏教に関心があれば、空海の著作を学んでみることは不可欠のこととならざるをえないのである。

密教の核心は即身成仏

それにしても空海の思想の全体は、やはり広大なもので、そのすべてを綿密に学ぶことはなかなかに困難である。では、そのもっとも核心となる部分は何なのであろうか。空海の思想全体を見渡すためにも、まずはその中核的なところを把握すべきである。空海の密教の核心は、一体どこにあるのであろうか。

空海は、自ら受け継いだ恵果の密教について、即身成仏の道、すなわちこの世のうちに仏と成ることを実現できる道であることを伝えている。空海の『広付法伝《こうふほうでん》』に引かれる呉《ご》慇《いん》（～八〇六～）纂「大唐神都青龍寺東塔院灌頂国師恵果阿闍梨行状」には、「常に門人に謂《かた》て曰く、金剛界大悲胎蔵両部の大教（密教）は諸仏の秘蔵、即身成仏の路なり。普《あまね》く願わくは法界（世界）に流伝して有情を度脱《どだつ》（救済）せむ」（『定本弘法大師全集』高野山大学密教文化研究所、一九九一～九七年〈以下、定本〉、第一巻、一一一頁）とあるようである。

また、帰国に際してものした「本国の使いと共に帰らんと請う啓」のなかには、「此の法は則ち仏の心、国の鎮《しず》めなり。氛《ふん》を攘《はら》い、祉《さいわい》を招くの摩尼《まに》（宝）、凡を脱《まぬか》れ聖に入るの嘘径《きよけい》（近道）なり」とある（『性霊集《しょうりょうしゅう》』巻五、定本第八巻、八六頁）。ここに災いを払い幸いを招くものであることと、凡夫を脱して仏と成る近道であるとのことから、空海が修学した密教の特質は、攘災招福と即身成仏の二つにあったとされている。また帰国後早々に記した『御請来目録《ごしょうらいもくろく》』のなかにも、「身を密蔵に持すれば、十六生甚だ促《ちか》し。頓の中の頓は、密蔵これに当れり」（定本第一巻、三九頁）等と、即身成仏が真言密教の特質であることを表明している。

さらにその後の多くの著作のなかでしばしば即身成仏思想を強調している。たとえば、『秘蔵宝鑰』で秘密荘厳心を表す詩に、「顕薬（顕教の薬）は塵（煩悩）を払い、真言は庫（功徳を蔵した心）を開いて、秘宝忽《たちま》ちに陳して、万徳即ち証す」（定本第三巻、一一七頁）とあるのも、真言密教の修行方法の優秀性を謳うと同時に、即身成仏の道であることを指摘している。

とすれば、即身成仏思想の強調は空海の生涯を通じての重要な課題であったと見ることができよう。したがって、我々は空海の密教を学び了解していこうとするとき、特に即身成仏が意味するものを深く尋ねていくことは、その一つの有効な方法であるということになると思われる。

もちろん、顕教とは異なる密教の特質として、他にもさまざまな主題がありえる。たとえば、法身説法《ほっしんせっぽう》は、その一つである。あるいは言語に対して、母音・子音レベルや単語レベル等において、一義的にではなく多重的に意味を読み取ることも独自である。さらに如来が自らの心の内に覚った世界（自内証）について、曼荼羅によって明かすことも独特であろう。しかしそれらをも含みつつ、空海はしばしば密教の特質を主に即身成仏によって語ったのであり、その意旨を深く考慮すべきである。

このとき、空海の多くの著作のなか、何を中心に読むべきかといえば、主著は『秘密曼荼羅十住心論』であるので、やはりこれに取り組むべきかもしれない。もっともこれを詳しく読むことはなかなかの労を必要とし、空海の思想の核心を把握するという観点からは敬遠せざるをえない。では、これを簡略にしたものという『秘蔵宝鑰』に拠るとして、第十・秘密荘厳心の箇所を読むに、もっぱら密教の修行の優れた点が主張されているのみで、密教独自の世界観・人間観等の哲学がじゅうぶん披瀝されているわけではない。『秘蔵宝鑰』に拠ってでは、案外、真言密教の世界観はよく知られないのが実情である。

とすると、空海の他の著作のなかで、『弁顕密二教論』や、密教の世界そのものを語る『即身成仏義』『声字実相義《しょうじじつそうぎ》』『吽字義《うんじぎ》』などに探るべきということになる。特に密教の特質である即身成仏の主張を究明しようとするならば、やはり『即身成仏義』を研究すべきであろう。

しかも、この『即身成仏義』の研究のなかで知られたことは、同書は、単にいわゆる即身成仏のことのみを論じているわけではなく、密教の根本の人間観・世界観を描いたものだということである。現に同書は、「即ち是の四字に無辺の義を含ぜり。一切の仏法は、此の一句を出でず」と示している。「即身成仏」の四字のなかに、一切の仏法の無量の意味が含まれているというのである。「即身成仏頌」の第一句、「六大無礙《むげ》にして常に瑜伽《ゆが》なり」からは、六大縁起の説が言われたりもする。『即身成仏義』には、じつは如来の自内証の世界にほかならない曼荼羅のことも豊かに描かれており、空海の人間観・世界観の深みがよく表されている。

そこで本書において、私は何よりも『即身成仏義』の全容を解明することを通じて、空海の真言密教の哲学・思想の中心的な部分を明らかにしたいと考えた。短章でもある『即身成仏義』の内容は、多くの人が思っている以上に豊かで深いものがある。そのことを、ぜひ多くの人びとに知ってほしいと思うのである。

こうして、本書はほぼ二部構成になっている。後半が、『即身成仏義』の読解である。この後半への導入として前半が置かれている。そこには、空海の生涯と著作、顕教から密教への思想史、密教の歴史とそのなかでの空海の位置、空海の真言密教の思想の全体像、特に即身成仏思想の歴史、そして空海の『即身成仏義』の解題などが含まれる。このような仕方で、私は本書において、空海の思想について、従来以上に簡略でありつつ、しかもより深く理解できるようにはからったつもりである。

目次

第一章　空海の生涯と著作

仏道への憧れ

本書の第一章として、空海の生涯とその著作について、概観しておこう。

空海は、宝亀五年（七七四）、四国の讃岐国多度《たど》郡に生まれたと伝えられている。そこには現在、善通寺《ぜんつうじ》が建立されている。誕生した日は、六月十五日と伝えられている。父は佐《さ》伯直《えきのあたい》の家系の田公《たぎみ》という。母はのちに触れる阿刀大足《あとのおおたり》の妹のようである。この年この日、中国では、空海が師とした恵果阿闍梨の師匠、不空三蔵《ふくうさんぞう》（七〇五〜七七四）が亡くなっており、空海は不空の生まれ変わりだという説も喧伝された。

幼名を真魚《まお》といった。のち、十五歳（志学）の頃、おそらく都において、母方の伯父の阿刀大足について漢籍の古典を学んだ。大足は、伊予《いよ》親王の侍講を務めたとされる、今日でいえば文学博士にほかならない有力な学究であった。さらに十八歳のとき、大学の明《みよう》経道《ぎようどう》に入った。大学への入学には十六歳までとの制限があったが、特例もありえたのであろう。この年、空海は大学に入ることで故郷に帰らずに、都に居続ける道を選んだようである。『御遺告《ごゆいごう》』には、味酒浄成《うまざけのきよなり》にしたがって、毛詩（『詩経』）、左伝（『春秋左氏伝』）、尚書（『書経』）を読み、また岡田博士には左氏春秋を学んだとある。ここで、中国語も身につけたものと思われる。

しかし空海は、世俗の世界における出世よりも仏道への憧れの気持ちを募らせていたようで、まもなく大学は辞め、仏道修行の世界に身を投じてしまうのであった。その頃、ある一人の沙門から、虚空蔵求聞持法《こくうぞうぐもんじほう》を授かったという。虚空蔵求聞持法は、この法に従って真言を百万遍唱えると、一切の経論の言葉と意味とを暗記することができるというものである。この行法は、入唐して善無畏《ぜんむい》三蔵《さんぞう》について学んだ道慈《どうじ》（?〜七四四）によって日本に紹介され、南紀方面などに次第に広まっていた。空海はこれを授けてくれた一沙門（唐に渡って宝亀九年〈七七八〉頃に帰朝し、『釈摩訶衍論《しゃくまかえんろん》』等を将来した戒明《かいみょう》か）の言葉を信じて、この行法に真剣に取り組むのであった。この頃は、阿波（徳島県）や土佐（高知県）など、四国の山岳地帯の霊場で修行を重ねたようである。『三教指帰《さんごうしいき》』の序文には、「飛燄《ひえん》を鑽燧《さんすい》に望み（木を錐《きり》もみして火花を得んと。修行を重ねて成果を期待して、の意）、阿国《あこく》（阿波国）の大《たい》滝《りゅう》の嶽《みね》に躋《のぼ》り攀《よ》じ（よじ登り）、土州の室戸の崎に勤念《ごんねん》す（修行に専念する）。谷、響《ひびき》を惜しまず（こだまをかえしてやまず）、明星（虚空蔵菩薩の象徴）来り影ず（空中に姿を現した）」（定本第七巻、四一頁）とある。このときおそらく空海は、画期的な一つの宗教体験を得たのであった。

延暦十四年（七九五）、二十二歳のとき、奈良久米寺《くめでら》の東塔にて『大日経《だいにちきょう》』を感得したと伝わるが、真実かどうかはわからない。ただし密教の経論も、『大日経』はもとより、ある種の『金剛頂経《こんごうちょうぎょう》』系のものもすでに奈良時代には日本に入ってきており、空海は唐に渡る以前に密教の世界に触れていた。それゆえにこそ、さらにその深い理解、とりわけいまだ日本に将来されていなかった不空訳『金剛頂経』の世界等を求めていたと考えられている（頼富本宏『空海と密教――「情報」と「癒し」の扉をひらく』、ＰＨＰ新書二一八、二〇〇二年〈以下、頼富〉、六六～六七頁）。

唐への出立

延暦十六年（七九七）、二十四歳のとき、空海は『三教指帰』を著す。この『三教指帰』は、儒教・道教・仏教の三教のうちで仏教がもっとも優れていることを語るもので、その後の空海の生涯の思想の根本となるものである。仏教がもっとも優れていると判断した背景には深い無常感もあった。同書序文には、「遂に乃《すなわ》ち朝市《ちょうし》（朝廷や市中）の栄華は念々にこれを厭い、巌藪《がんそう》の煙霞《えんか》（靄に埋もれるような山間での生活）は日夕にこれを飢《つか》る（心より願う）。軽肥流水《けいひりゅうすい》（肥えた馬や高級な車。ぜいたくな生活）を看ては、則ち電幻《でんげん》（はかないもの）の歎き、忽ちに起こり、……」（定本第七巻、四一～四二頁）とある。また、この書の末において示した、仏教の深遠なることを示す十韻詩においても、「春の花は枝の下に落ち、秋の露は葉の前に沈む、逝水《せいすい》は住《とど》まること能《あた》わず、廻風《かいふう》は幾たびか音を吐く」と無常の実相を謳いつつも、釈尊の仏法はもっとも高遠で深いものであり、あらゆる自他をともに利益し救済するものだと讃えて、どうして世間での栄達などを求めたままでいられようかとその覚悟のほどを示している。

こうして、親類縁者や友人の制止も振り切って、仏法追究の道へと突き進むのであった。この『三教指帰』の著述のあと、延暦二十三年（八〇四）に唐に渡るまでのあいだ、いったい何をしていたのか、まったくといってよいほど記録がない。おそらくは、奈良の大寺において学問の研鑽に励んでいたのであろうと推察されているのみである。

やがて延暦二十三年、三十一歳のとき、長期間滞在して現地の情報を日本に送るべき留《る》学生《がくしょう》として、唐に向かった。前年の遣唐使派遣の船団の一部に故障が起き、翌年に再派遣となったもので、そうした事情から欠員も生じて、空海が参加する余地が生まれたようである。これに先立ち、空海は急遽、東大寺戒壇院で具足戒《ぐそくかい》を受け、正式の僧（公度僧）となった。四月七日のことという。空海の名も、このときから用いるようになったと考えられている。それまでは私度僧の立場で、仏道研鑽に余念がなかったわけである。

唐への出立は七月、肥前（長崎県）の田の浦港からであった。空海は四隻の船団の第一船に乗り、かの最澄《さいちょう》（七六七〜八二二）も同じ船団の第二船に乗っていたことはよく知られている。最澄は一、二年の遊学で帰国する還学生《げんがくしょう》として、通訳つきで渡唐したのであった。

この四隻の船団の中国行きは、さんざんなものであった。第三船はやがて琉球に着いたようであり、第四船は消息を絶った。ただし、八〇六年になって、突然、長安に現れた高階遠成《たかしなのとおなり》一行の乗っていた船が、第四船だという説もある。最澄の第二船も、三十日ほど漂流したが、何とか明州（現在の浙江省）に辿り着いた。

空海の乗った船も、暴風の影響により三十四日漂流し、南方福州（現在の福建省）の港にようやく辿り着くことになる。その港の地方役人は、空海とともに来た一行に国書等のないことを警戒して、容易に上陸させなかった。なかなか埒が明かないので、空海が筆をとって書簡をしたためるのであった。『性霊集《しょうりようしゅう》』には、「大使、福州の観察使に与うるが為の書」が収録されており、そこでは、大唐国の皇帝の聖徳の偉大さを賞揚し、ついで国書等を持ち合わせていないことの釈明をし、最後に通例の遣唐使として扱ってくれるようお願いしている。

その一節には、空海らのこれまでの航海について、「浪に随って昇沈し、風に任せて南北す。但だ天水の碧色《へきしよく》をのみ見る。豈に山谷の白霧《はくぶ》を視《み》むや。……僅かに八月の初日、乍《たちま》ちに雲峯《うんぽう》を見て欣悦極《きんえつきわま》りなし。赤子の母を得たるに過ぎ、旱苗の霖《あめ》に遇《あ》えるに越えたり」（定本第八巻、七八～七九頁）と述べ、ただただ海の水のみを見るばかりで陸地を見ることはなかったこと、しかしついに陸地を望むことができたときにはどれほどうれしかったかを簡潔に描いている。さらには「是の故に、我が国、淳樸《じゅんぼく》よりこのかた、常に好隣《こうりん》を事とす。献ずる所の信物、印書を用いず、遣する所の使人、姧偽《かんぎ》も有ること無し」（同前、七九頁）とある。我が国の人間は純朴であり、ことさら公文書等を持たなくともじゅうぶん信用に足ることを訴えている。じつに格調の高い感動的な名文であり、また書としても格段に名筆であったろう。当地の役人はこれにおどろき、ただちに上陸を許可したとの話が残っている。

こうして、八〇四年秋、中国に上陸した大使と空海らは、その都・長安をめざした。長安に着いたときには、十二月二十一日になっていた。唐の朝廷の役人の出迎えを受け、官馬二十三頭にそれぞれ乗って、長安城に入った。藤原葛野麻呂《ふじわらのかどのまろ》大使は、時の皇帝・徳宗《とくそう》に貢物を献上した。

翌年（八〇五）二月十一日には、大使一行は帰国のため、長安を出た。その日、空海はそれまでの官宅を出て西明寺《さいみようじ》に移った。七七七年に入唐《にっとう》して仏教を学んでいた三論宗の永《よう》忠《ちゅう》は、この西明寺にいたが、ちょうど空海と入れ替わるように、藤原大使らとともに帰国の途についた。その頃、西明寺を代表する学僧の円照《えんしょう》なる者もいて、不空三蔵の文章を集めた書物その他を著しているが、空海はそれを日本に将来している。

また、西明寺からそう遠くない醴泉寺《れいせんじ》に住んでいたインド僧の般若三蔵《はんにゃさんぞう》に就いて、インドの仏教を直接、学んだ。おそらくサンスクリットも大いに学んだことであろう。般若三蔵は、自分は縁なくして遠い日本にはいけないが、自分の訳した新華厳（四十華厳）と六波羅蜜経およびサンスクリットのテキスト等を日本に持ち帰って、人びとを救済するように、と空海に告げたという。この醴泉寺には、『守護国界主陀羅尼経《しゅごこっかいしゅだらにきょう》』を般若三蔵とともに訳出した牟尼室利《むにしり》三蔵やバラモン僧もいた。大唐の首都・長安はまさに国際都市であった。

恵果を訪ねる

この頃、空海はかねてより恵果の名声を聞いていたことであろう。もとより入唐の目的は、ひとえにより詳しく密教を修得することにあった。サンスクリットの素養も培い、真言陀羅尼の書法や意味等についても、般若三蔵らに師事したことにより、ある程度の基礎は身につけたものと思われる。こうして空海は満を持して、恵果阿闍梨を訪ねるのであった。恵果は、不空三蔵の晩年の弟子で、とりわけ「速疾《そくしつ》」に成仏しうる路である『金剛頂経』系統の密教を相承《そうじょう》していた。一方、善無畏《ぜんむい》に連なる玄超《げんちょう》から『大日経』系の胎蔵法をも受けたという。頼富本宏は、「恵果こそは、金胎両部の大如来法を双修した最初の人であり、その加持の威力が世に知られ、代・徳・順の三帝の尊崇を受け、世に『三朝の国師』と称されたという」（頼富、一〇四頁）と、その偉大さを描いている。

おそらく五月頃、西明寺の五、六人の僧とともに青龍寺《しょうりゅうじ》の東塔院を訪問し、恵果阿闍梨にお会いした。すると恵果は、次のように言ったという。


和尚、乍《たちま》ちに見て笑を含み、喜歓して告げて曰く、我れ先に汝が来たらむことを知りて相い待つこと久しかりつ。今日相い見る、大《はなは》だ好し、大だ好し。報命、竭《つ》きなむと欲す、付法に人なし。必ず須《すべから》く速かに香花《こうげ》を弁じて灌頂壇《かんじょう》に入るべし。（『御請来目録』、定本第一巻、三五頁）

有名な、恵果と空海とが初めて相まみえた場面である。恵果は、お前さんが来るのを知っていた。ずっと待っていた。自分の命は長くない。この密教の大法を伝えるべき人もいない。さっそく入門せよと言うのであった。空海の感激も最高潮に達したことであろう。入門を許された空海は、その後、六月上旬、七月上旬、八月上旬と、三回にわたって灌頂を受けている。最初の六月上旬は大悲胎蔵大曼荼羅に関しての灌頂、次の七月上旬は金剛界大曼荼羅に関しての灌頂、最後の八月上旬は伝法阿闍梨の灌頂であった。

六月と七月の灌頂は、いわば正式な入門の灌頂で、この時、目隠しされ、手には花を持ちつつ、曼荼羅絵図が敷かれた壇に進む。その曼荼羅に花を投じて、落ちたところの仏ないし金剛薩埵《こんごうさつた》等と縁が結ばれ、その名を得る。これを投華得仏《とうげとくぶつ》という。空海の場合、六月も七月も、花は数ある諸仏諸尊のなか、密教の根本である大日如来の像のところに落ちたという。じつに奇しき因縁である。以来、密教の阿闍梨名として、「遍照金剛」の名が使用されることになった。これらの灌頂を受けては、それぞれの法門の「梵字の儀軌を受け、諸尊の瑜伽観智を」精力的に学ぶのであった。こうして、胎蔵界・金剛界双方の世界観や諸尊に関する真言・印契《いんげい》・観法等のさまざまな修法を修得していった。

八月の伝法阿闍梨の灌頂は、密教のすべての法門を相承したことを証明する儀式であり、結局、空海は六月から八月までの足掛け三ヵ月間というきわめて短いあいだに、密教のすべての伝授を受けたのであった。恵果の俗弟子の呉慇は、「恵果阿闍梨行状」(『広付法伝』所収)に、次のように伝えている。

今、日本の沙門空海有って、来りて聖教を求めて、両部の秘奥、壇儀《だんぎ》、印契を以てす。漢梵差なく、悉に心に受くること、猶し瀉瓶《しゃびょう》の如し。(定本第一巻、一一二頁)

「壇儀」とは、曼荼羅に基づく観法のことである。「漢梵差なく」とあるのは、サンスクリットの陀羅尼《だらに》に関しても詳しく授与され、また空海はそれらを精確に理解し身につけたことを物語っている。「猶し瀉瓶の如し」とは、恵果の保持する密教のすべてが、瓶から瓶へ水を移すように、そっくり受け継がれたということである。伝法阿闍梨の灌頂が無事、奉修されたこの日、青龍寺においては、関係する五百人ほどの僧俗男女らに食事をふるまう催し（お斎）が持たれた。

空海への法門の相承にともない、恵果は、多くの密教の経典写本を用意したほか、法具や曼荼羅、祖師像の絵等を当時のその道の一流、最高峰の者らに作らせて、空海に授けている。祖師図では、金剛智《こんごうち》・不空・恵果が阿闍梨、善無畏は三蔵、一行は禅師と称されている。あるいは金剛智より不空へ、不空より恵果へと授受されてきた仏舎利や、「刻《きざめり》白檀仏菩薩金剛尊像　一龕《がん》」などもあった。

恵果は、こうした手配を終えた後、病に臥すことになってしまう。結局、十二月十五日、この世を去ることになる。恵果には、伝法を得た弟子に、義明《ぎみょう》という者もいたが、門弟を代表して恵果の碑文を撰したのは空海であった。

『御請来目録』には、空海に対する恵果の遺誡が引用されている。そこには、次のようにある。

今、則ち、法の在りとし有るを授く。経像、功畢《おわ》んぬ。早く郷国に帰り、以て国家に奉じ、天下に流布して、蒼生《そうせい》の福を増せ。然らば則ち四海泰《やす》く、万人楽しまむ。是れ則ち仏恩を報じ、師の徳を報じ、国のためには忠なり、家に於いては孝あらむ。義明供奉は、此の処にして伝えよ。汝はそれ行きて、之を東国に伝えよ。努力《つとめ》よ、努力《つとめ》よ。（定本第一巻、三七頁）

蒼生は、人びとのことである。義明は、中国で密教を伝え、空海は早く日本に帰ってこれを広めよという。このような真摯な依頼を受け、かつ経典だけでなく曼荼羅や祖師図等々も付与された空海は、当然、どうしても早く日本に帰らなければと思わずにはいられなかったことであろう。ちなみに、恵果が入滅した日の夜の夢に、空海は恵果の次の声を聴くのであった。「汝、未だ知らずや、吾れと汝と宿契《しくけい》の深きことを。多生の中に相い共に誓願して密蔵を弘演す。彼此《かしここ》に代《かわるがわ》る師資と為ること、只だ一両度のみに非ず。是の故に汝が遠渉《おんしょう》を勧めて、我が深法を授く。受法、云《ここ》に畢《おわ》りぬ。吾が願も足りぬ。汝は西土にして我が足を接す。吾れは東生して、汝が室に入らむ。久しく遅留《ちりゅう》すること莫れ。吾れ前《さき》に在って去《い》なむ」（空海撰「大唐神都青龍寺の故三朝の国師灌頂阿闍梨恵果和尚之碑」『性霊集』巻二、定本第八巻、三六頁）。

恵果と空海とは、生死を重ねるなかで何回もかわるがわる師と弟子の関係にあったという。今度は、空海が日本に帰って密教を広めるとき、自分も日本に生まれて弟子になろう、というのである。空海は意識的にも無意識的にも、恵果の金胎両部統合の密教を日本に伝えなくてはと、切実に考えるばかりであった。

「虚しく往きて、実ちて帰る」

空海は本来、二十年ほども中国に滞在して、所期の目的を達成すべき留学生の身分であった。それが、大幅に期間を短縮して帰国することは、異例のことである。しかし空海としては、この際、ぜひとも帰朝を果たすことしか考えられなかったであろう。ちょうどこの頃、新たな皇帝への朝貢礼謁のために中国へやってきた高階遠成が長安に来ていたことから、空海はこの機を捉え、高階遠成とともに日本に帰ることを実現しようとするのであった。高階遠成に、「本国の使いと共に帰らんと請う啓」を提出し、密教の伝達のために日本に帰ることの意義を最大限、強調している。そこには、密教は攘災招福と即身成仏の道であることを明かしている。この時、空海と同じ船団で唐に来た橘逸勢《たちばなのはやなり》もともに帰ることにした。この申請は、唐の政府の許可するところとなり、ついに八〇六年の晩春には長安を出立した。その間、さらに経論や曼荼羅等の収集にも努めている。帰途、越州

（現在の浙江省）に到達した時も、可能なかぎり仏教文献等を集めようとしている。やがて八月には明州の港から日本への航海に出発したのであった。

この復路もまた難儀をきわめたようである。しかし何とか日本に密教経典や曼荼羅等を無事、持ち帰ることができたのであった。空海は後に、「虚しく往きて、実《み》ちて帰る」（もと『荘子』「徳充符」の語）と述べている。そもそも入唐そのものが、遣唐使が一年後に再派遣となったことによって幸運にも実現できたことであった。また帰朝も、たまたまその頃に帰りの船に都合がつく幸運に恵まれた。その後に遣唐使が派遣されたのは三十年以上後の承和五年（八三八）のことであり、じつに空海の入定《にゅうじょう》後のことであった。考えれば考えるほど、空海の密教の大法を求めての入唐と帰朝は、ありえないことがいくつも重なって成就した僥倖としか考えられず、この背景には、恵果及び恵果に連なる密教の祖師方の冥《みょう》護《ご》があったからこそと思いたくなるほどである。

嵯峨天皇との密接な関係

空海ら一行が日本の九州にいつ着いたのか、詳しいことは知られていない。しかし、都に上る高階遠成に託した『御請来目録』の日付は、桓武《かんむ》天皇から平城《へいぜい》天皇の御世となった大同元年（八〇六）十月二十二日となっている。それには、卓越した密教の法財の数々を携え、「波濤漢に沃《そそ》いで、風雨舶《ふね》を漂わすと云うと雖《いえど》も、彼の鯨海を越えて、平らかに聖境に達せり」(定本第一巻、四頁)と格調高く述べ、

聖に非ずんば、誰か測らむ。空海、闕期《けつご》の罪、死しても余有りと雖も、窃《ひそ》かに喜ぶらくは、難得の法、生きて請来せることを。一たびは懼《お》じ、一たびは喜ぶの至りに任えず。……(同前、四頁)

と述べている。鯨海とは、広大な海のこと、闕期の罪とは、決められた在唐の期間を全うしなかった罪のことである。懼じとは、恐れおののくことにほかならない。しかし、都からの指示は何もなく、大宰府では、しばらく観世音寺に留め置かれるのだが、それは二、三年にもわたった。ただし、大同四年(八〇九)のいつからかには、槙尾《まきお》山施福《せふくじ》寺に いたようである。

この年、四月、新たに嵯峨《さが》天皇が即位すると事態が動きだした。同年七月、入京が命じられ、やがて高雄《たかお》山寺《さんじ》にひとまず落ち着くことになった。これには最澄の協力があったものようである。この年、十月四日、嵯峨天皇は『世説《せせつ》』(『世説新語』)の文を屏風に書かせている。その後も、嵯峨天皇は書道をめぐっていろいろと空海に下問し、空海は真摯に奉答

しているさまが、『性霊集』収録のいくつもの上表文によって知られる。なかには、王羲《おうぎ》之《し》ら中国古来の書の名跡を奉献したり、狸の毛による筆を献納したり、よい筆とはどういうものかの進言をしたりしている。嵯峨天皇と空海とは、書を通じてひじょうに緊密な関係を築いていた。もちろん嵯峨天皇は、空海による新来の密教にも深い関心を寄せていたことであろう。

空海と最澄

空海が都に入ったことを知った最澄は、空海が伝える密教のすべてを学びたいと、しきりに空海に近づいている。空海が帰朝時に朝廷に提出した『御請来目録』を、最澄はすべて写し取り、空海が都に入るや間もない時期、大同四年（八〇九）の八月二十四日に書物の借用を願い出ている。比叡山に書物を移動させるためには、弟子を空海の許に派遣した。以後、たびたび密教経論の借覧を申し出るのであった。弘仁三年（八一二）の十二月には、最澄自ら弟子とともに空海に灌頂を受けもしたのであった。このことは、空海に弟子の礼をとったということである。すでに都で名声を博していた最澄が、いわば新顔の空海に弟子入りしたのであるから、このとき空海の名が一挙に注目されるようになったことは容易に推察されよう。

最澄は灌頂を受けても、忙しいこともあって、密教の仏道においてその後に必要な瑜伽観法等を修行することはできなかった。それは泰範《たいはん》ら信頼する弟子に任せることにしたのであろう。最澄はその後も書物の借覧を乞い、やがて弘仁四年（八一三）、『理趣釈経《りしゅしゃくきょう》』の借用を申し入れたとき、空海はほんとうに密教を学びたいなら自分のところに来て修行すべきだと断るのであった。「叡山の澄法師の理趣釈経を求むるに答する書」には、「貧道《ひんどう》と闍梨《じゃり》、契れること積もりて年歳あり。常に思いき、膠漆《こうしつ》の芳、松柏《しょうはく》と与《とも》にして凋《しぼ》まず、乳水の馥《かおり》、芝蘭《しらん》と将《とも》にして弥《いよ》いよ香しからむ」（『性霊集』巻十、定本第八巻、二〇〇〜二〇一頁）と述べつつも、「夫れ秘蔵の興廃は唯だ汝と我れとなり。汝、若し非法にして受け、我れ若し非法にして伝えば、即ち将来求法の人、何に由ってか求道の意を知ることを得む。非法の伝受をば、是れを盗法と名づく。即ち是れ仏を誑《あざむ》くなり」（同前、二〇三頁）とある。これは真撰ではないとの見方もあるが、修法に取り組めないでいる最澄へのけっこう厳しい思いを伝えていよう。

さらに弘仁七年（八一六）、最澄が空海の許に派遣していた弟子・泰範の比叡山への帰来を要請したのを、空海が断って以後、ついに二人のあいだは疎遠になってしまうのであった。このとき、最澄は法華一乗と真言一乗に優劣は無いと泰範に書き送ったが、空海は最澄に対し、顕密は同じでなく権実《ごんじつ》には隔てがあるとして、密教を『法華経』の教えよりも優位とする説を示したのであった。空海には最澄に対して、密教と『法華経』の関係についての理解の相違に加えて、灌頂を受けたもののその修法を実行できずにいることへの不満もあったのであろう。こうして空海と最澄とは、結局、異なる道を行くことになるのであった。一方、もはや真言密教の諸修法の伝授を受けている泰範を他の宗に移すことは、空海にとって問題でもあったことであろう。

真言宗団の体制整備

空海は嵯峨天皇の信任を受けて、ますます活躍していく。弘仁元年（八一〇）の十月二十七日、空海は朝廷に対し、『仁王般若経《にんのうはんにゃぎょう》』『守護国界主陀羅尼経』『仏母大孔雀明王経《ぶつもだいくじゃくみょうおうきょう》』等、国を護る経典があることを告げ、「伏して望むらくは、国家の奉為《おんため》に諸の弟子等を率いて、高雄の山門に於《し》て、来月一日《ひといのひ》従《よ》り起首して、法力の成就に至るまで、且つは教え、且つは修せむ……」（定本第八巻、五四頁）と述べる「国家の奉為に修法せんと請う表」を上表した。中国での見聞を基に、日本での密教による護国の修法の実行を願い出ている。

この年に、空海は東大寺の別当に任ぜられ、また翌年には山城乙訓寺《おとくにでら》の別当にも任ぜられた。最澄は、この乙訓寺に空海を訪ねたことから、前に記した灌頂を受けることの約束が成ったとされている。なお、乙訓寺の別当は、一年ほどのことであった。

空海は高雄山寺において、少なくとも三回は灌頂をおこなっているが、そうした活動のなかで、真言宗団としての体制も整備されていくのであった。寺院運営の三役として、上座（寺衆を統率）に杲隣《ごうりん》、寺主（堂塔を管理）に実慧《じちえ》、都維那《ついな》（寺の日常業務を指揮）に智泉《ちせん》を充てている。空海の密教は、こうして次第に真言宗という具体的なかたちになっていくのである。杲隣は空海よりも七歳年上で、元東大寺の学僧、実慧は空海の親戚で空海をよく助けた。智泉は空海のおいで、優秀な人材で将来を嘱望されていたが、天長二年（八二五）、若くして（三十七歳で）世を去ってしまった。空海に、「亡弟子智泉が為の達嚫《だっしん》の文」があり（『性霊集』）、その深い悲しみを切々と吐露している。なお「達嚫」とはサンスクリットの dakṣiṇā の音写で、供物を捧げるときに読む文のことである。空海の有力な弟子としては、他に、実弟の真雅《しんが》（八〇一～八七九）や真済《しんぜい》らもいた。

伝説によれば、嵯峨天皇（八〇九～八二三年在位）の時代（弘仁五、六年か）に、清涼殿において諸宗の高僧らによる宗論がおこなわれたという。その場において空海が即身成仏の教義を説いたところ、各宗高僧らは一つの問難も呈することはできなかった。しかし嵯峨天皇が「教義は了解したが、その証拠を見たい」と言うと、空海は智拳印《ちけんいん》を結んで心を凝らすに、金色の大日如来と変貌し、光明を放つのであった。以来、天皇はまったく空海に信順し、諸宗の高僧も真言の法門に帰依したという。このことは、天暦十年（九五六）、観静撰という『孔雀経音義《くじやくきようおんぎ》』の序に記されているとのことである。ちなみに、当時、宗論はしばしばなされたようで、天長年間（八二四〜八三四）には紫宸殿《ししんでん》においてなされ、『秘密曼荼羅十住心論』『秘蔵宝鑰』はその宗論の頃の作とみられている。

弘仁六年（八一五）、「諸の有縁の衆を勧め奉りて応に秘密の法蔵合して三十五巻を写し奉るべし」の文を発し、いよいよ顕教と異なる特徴を持つ密教の流布への決意を披露している。「貧道、帰朝して多年を歴《ふ》と雖《いえど》も、時機未だ感ぜざれば、広く流布すること能わず。……元より弘伝を誓う。何ぞ敢えて韜黙《とうもく》せむ。今、機縁の衆の為に、読講宣揚して仏恩を報じ奉らむと欲う」（定本第八巻、一七六頁）等とあり、しかしまだ本が少ないので秘密の法蔵（密教の文献）を書写してこの道を行ってほしいと訴えている。これは、「勧縁疏《かんえんしよ》」と呼ばれていて、空海の立宗宣言の文と目されている。じつはこの年の三月には、もと桓武天皇の勅命により天台宗関係の諸文献を書写して東大寺等の七大寺に納める事業がようやくなされたということがあった。おそらく「勧縁疏」は、これに対抗するものであったろう。

高野山開創

「勧縁疏」を発した翌年の六月一九日、空海は「紀伊の国伊都の郡高野の峯に入定の処を請け乞う表」を上申している。そのなかの一節に、つぎのようにある。

今、禅経の説に准《なぞら》うるに、深山の平地、尤《もっと》も修禅に宜《よろ》し。空海少年の日、好んで山水を渉覧しき。吉野従《よ》り南に行くこと一日、更に西に向って去ること両日程にして、平原の幽地有り。名づけて高野と曰う。計りみるに紀伊の国伊都の郡の南に当たれり。四面高嶺にして、人蹤《じんしょう》、蹊《みち》を絶えたり。今思わく、上《かみ》は国家の奉為《おんため》、下《しも》は諸の修行の者《ひと》の為に、荒藪《こうそう》をかりたいらげて、聊《いささ》かに修禅の一院を建立せんと。（定本第八巻、一七〇頁）

高野山は、空海が青年の頃に訪ねたこともある場所で、周囲を山に囲まれた高地に平地が広がる、修行に最適の場所と考えていたのであった。ここに、「一院を建立」することは、唐より帰朝する航海の間、荒れる海を鎮めてもらうために、善神に誓ったことでもあり、それは国を護り、人びとを利益・救済することを目的とするものであった。この懇請を嵯峨天皇は受け入れ、高野山を空海に下賜するとの太政官符が、七月八日には紀伊国司に下された。空海は翌年、高野山開創の準備にとりかかるのであった。

空海は高野山について、「高野の四至の啓白の文」に、「山の状《かたち》たらく、東西は龍の臥《ふ》せるがごとくして、東流の水有り、南北は虎の踞《うずくま》れるがごとくして棲息するに興有り。妙高を指して以て儔《ともがら》とし、輪鉄を引いて而も帯と作《な》せり。日光、地より出でて、天眼を仮らず、万里目の前なり。……」（定本第八巻、一七二頁）と描いている。また、「高野建立の初の結界の時の啓白の文」「高野に壇場を建立して結界する啓白の文」などを『性霊集』（巻九）に残しているが、前者には、「今、上は諸仏のご恩を報じて密教を弘揚し、下は五類の天威を増して、群生を抜済せんがために、一《もつぱ》ら金剛乗秘密教に依って、両部の大曼荼羅を建立せんと欲う」（同前、一七八頁）と記されている。曼荼羅を建立するとは、それを祀る仏塔を建立することにほかならない。こうして、空海のこの構想を基《もとい》として、のち、いわゆる壇上伽藍がここに整備されていくが、その完成は空海のおいで後継者となった真然《しんぜん》の尽力を待つことになる。ともあれ、弘仁九年（八一八）頃には高野山が開かれたとされている。

南都仏教の密教化

弘仁十一年（八二〇）には伝灯大法師位、内供奉十禅師に任用された。一方で弘仁十二年（八二一）、讃岐国満濃池の工事を監督するなど、社会活動もさかんにおこなった。満濃池は、今では周囲二十キロにおよぶ広大ないわばせきとめ湖であり、それまで三年間も工事はうまくいっていなかったが、空海は水圧に堪えうるアーチ型の堤防を築いて、三ヵ月ほどで工事を見事に完成させた。ちなみに、当地の役人は、空海を工事責任者に充てることを要請する文書に、「行、離日に高く、声、弥《いよいよ》天に冠らしむ。山中に坐禅すれば、鳥巣《すく》い獣狎《な》る。海外に道を求め、虚しく往きて実《み》ちて帰る。……百姓《ひゃくせい》、恋い慕うこと実に父母の如し。もし師の来るを聞かば、郡内の人衆、履《くつ》を倒《さかしま》にして来り迎えざるなし」（『弘法大師行化記』。福田亮成『弘法大師の教えと生涯』、ノンブル社、一九八五年、二〇一頁）等と、その期待の高さを述べている。

弘仁十三年（八二二）、奈良の東大寺に灌頂道場（真言院）を建立した。最澄は南都と激しく争ったが、空海は奈良仏教を巧《たく》みに密教化していくのである。

弘仁十四年（八二三）正月、嵯峨天皇は空海に東寺を賜った。空海はここを教王護国寺と名づけ、密教専門の道場とした。その嵯峨天皇は、四月、退位して、淳和《じゅんな》天皇が即位している。この年の十月、空海は淳和天皇に『真言宗所学経律論目録』（定本第一巻所収）を提出している。同年十二月二日の官符には、

それ東寺は、遷都の始め、国家を鎮護するために柏原の先朝の建つるところなり。乞

う、この状を察して、僧徒等を率いて真教を讃揚し、禍を転じて福を修り、国家を鎮護せよといえり。

とあるという。また、同日の他の太政官符に、「その宗の学者は、もっぱら大毘盧遮那、金剛頂等の二百余巻の経、蘇悉地《そしつじ》、蘇婆呼《そばこ》、根本説有部等の一百七十三巻の律、金剛頂発菩提心、釈摩訶衍論等の十一巻の論等に依る経論の目録は別にあり」とあって、空海が密教の経・律・論をどのように考えていたのか、特に律に『根本説一切有部律《こんぽんせついっさいうぶりつ》』を採用し、また論に関して、『釈摩訶衍論』と『菩提心論』を重視する独自の視点がうかがわれる。この立場は、前述の『真言宗所学経律論目録』を受けたものである。同官符はさらに、東寺において鎮護国家の修法に必要な僧を欠かないよう求め、また他宗の僧は入れないよう求めている。とすれば、高野山は個人的な密教の修行道場、東寺は密教による鎮護国家の道場ということができよう。

なお、かの最澄は弘仁十三年(八二二)に亡くなったこともあって、高雄山寺の主であった和気《わけ》氏は、天長元年(八二四)、この寺を年分度者一名を許された神護国祚真言寺《じんごこくそしんごんじ》(神護寺《じんごじ》)とし、空海に与えた。空海はここに、灌頂堂、護摩堂などを建立し、また壮麗な両界曼荼羅、いわゆる高雄曼荼羅も制作している。

この頃、空海は請雨法を修し、成果をあげていたらしい。また地方の役人に対して祈雨法のゆきとどいた指導もおこなうのであった。

儒教・道教・仏教のリベラルアーツ

天長五年（八二八）、一般の子弟を対象にした綜芸種智院を開く。庶民を対象とする日本で最初の私立学校と言われている。これは、藤原三守《ふじわらのみもり》（七八五〜八四〇）から私邸を提供されて成ったもので、その名称は、『大日経』「具縁品《ぐえんぼん》」に「初の阿闍梨、衆芸を兼ね綜《す》ぶ」とあるのによったものである。すなわち空海は、ここを、儒教・道教・仏教の三教を学ぶ場とした。密教を専門教育とすれば、三教の学習はリベラルアーツというべきか。なお、空海は、「綜芸種智院の式并《なら》びに序」のなかで、「智を得ることは仁者の処に在り、覚を成ずることは五明の法に資《よ》る。法を求むることは必ず衆師の中に於いてし、道を学することは衣食の資《たすけ》に当に在るべし。四つの者の備わりて然して後に功有り。……」（定本第八巻、一八九頁）と述べ、教育において重んじるべきこととして、環境（処）がよいこと、総合的であること（法）、優秀な教師がいること（師）、学ぶための経済的基盤が保障されていること（資）、の四点を掲げている。空海の人間教育に対する視点は、現代にも通じる広く深いものがあった。

宮中に真言院

天長七年（八三〇）、淳和天皇は三論・法相・華厳・律・天台・真言の六宗に対し、その宗の教理について著したものを提出せよとの勅命を下した。このとき、西大寺玄叡《げんえい》『大《だい》乗三論大義鈔《じょうさんろんだいぎしょう》』、元興寺護命《ごみょう》『大乗法相研神章《だいじょうほっそうけんじんしょう》』、東大寺普機《ふき》『華厳一乗開心論《けごんいちじょうかいしんろん》』、唐招提寺豊安《ぶあん》『戒律伝来宗旨問答《かいりつでんらいしゅうしもんどう》』、延暦寺義真《ぎしん》『天台法華宗義集《てんだいほっけしゅうぎしゅう》』が提出され、空海は『秘密曼荼羅十住心論』を提出したのであった。以上を「天長勅撰の六本宗書」という。空海の『秘密曼荼羅十住心論』は相当大部で難解なものだったので、その内容を簡略にまとめた『秘蔵宝鑰』も著したのであった。

高野山の境内整備は、必ずしも順調ではなかったようだが、天長九年（八三二）には、高野山で最初の萬燈会《まんどうえ》が催された。その願文（「高野山萬燈会の願文」）は、

> 是《ここ》に於て空海、もろもろの金剛子等と与《とも》に金剛峯寺に於て、聊《いささ》か萬燈萬花の会を設けて、両部の曼荼羅、四重の智印に奉献す。期する所は毎年に一度、この事を設け奉って、四恩を答し奉らん。虚空尽き、衆生尽き、涅槃尽きなば、我が願も尽きん。（定本第八巻、一五八頁）

と述べている。この「虚空尽き、衆生尽き、涅槃尽きなば、我が願も尽きん」とあるのは、つまり「我が願」は尽きることがありえないとの意である。その「願」とは、どういうものだったのであろうか。もちろん、密教による衆生救済ということであったであろう。なお、般若三蔵訳の『華厳経』（四十華厳）に、普賢《ふげん》の十大願が説かれている。それは、「一者礼敬《らいきょう》諸仏。二者称讃如来。三者広修《こうしゅ》供養。四者懺悔業障《ごっしょう》。五者随喜功徳。六者請転法輪。七者請仏住世。八者常随仏学。九者恒順衆生。十者普皆迴向」というものである（大正大蔵経第一〇巻、八四四頁下）。今、その内容の解説は措いておくが、経典にはこのそれぞれの願について、「虚空界尽き、衆生界尽き、衆生業尽き、衆生煩悩尽き」れば、自分のその行願も尽きる。しかしそれらが尽きることはありえないから、自分の行願も尽きないということが記されている。般若三蔵は、この新訳『華厳経』を日本に持ち帰り広めよと空海に語っていた。したがって空海のこの「我が願」は、普賢菩薩の十大願を基礎としたものだったと思われる。なお、参考までに、『華厳経』「十地品」にも、同様の文がある（大正大蔵経第九巻、五四六頁上参照）。

　ちなみに、空海には、「我昔遇薩埵《さった》偈」なるものがあったという伝承がある。その一節には、「昼夜愍万民、住普賢悲願」の句が出る。この偈は、今も高野山奥の院御廟前の燈籠堂（拝殿）の正面の柱に、一対の聯において掲げられている。

天長十年（八三三）、空海は東寺の講堂に、いわゆる立体曼荼羅二十一体を配置することにした。金剛界五仏、五菩薩、五大明王、四天王、梵天・帝釈天の木彫群である。これは、時の仁明《にんみょう》天皇の病気平癒を願ってのものであった。もちろん、日本の国家を守護することを目的とするものでもある。

承和元年（八三四）十二月十九日、空海は宮中に真言院《しんごんいん》を設けて、正月には国家のための祈禱をおこなうよう進言した。宮中では従来、元日からの七日は、神式での行事がおこなわれ、その後の七日には仏式の、金光明《こんこうみょう》最勝会《さいしょうえ》がおこなわれていた。その仏式の行事に、密教による修法をも取り入れるべきだと主張したのである。朝廷はこれを許可し、永く恒例の行事とするようにと定めた。こうして、空海は翌承和二年（八三五）正月、弟子とともにこの行法を厳修した。以来、後七日御修法《ごしちにちみしほ》としてこの祈禱がおこなわれるようになる。今は宮中ではなく東寺においてだが、真言宗各派の管長によってこの修法が綿々と継承されている。

高野山にて生涯を閉じる

空海はこの後、高野山に移っている。一月、高野山に三人の年分度者（金剛頂瑜伽経業・

大毘盧遮那成仏経業・声明業《しょうみょうぎょう》）が認められた。二月には、高野山の金剛峯寺《こんごうぶじ》が定額寺とされており、空海は安堵の思いを抱いていたことであろう。翌三月二十一日、空海は高野山にて生涯を閉じたのであった。空海の後を受け継いだ実慧《じちえ》は、中国の青龍寺の同朋僧に、空海の死を知らせる次の手紙を送っている。

二年の季春、薪尽き、火滅す。行年六十二。嗚呼、哀しいかな。南山、白に変じ、雲樹、悲を含む。一人傷悼《しょうとう》し、弔使、馳騖《ちぶ》す。四輩、嗚咽して、父母を哭《こく》するがごとし。嗚呼、哀しいかな。（頼富、二二七頁）

もっとも、真言宗では、空海は金剛定に入定したのであり、今も高野山の奥の院に禅定に入ったまま生きておられると信じられている。この説の流布には、後に見る観賢《かんげん》僧正（八五四〜九二五）が関わっていたようである。

空海には、十大弟子がいたと言われている。真済・真雅・実慧・道雄《どうゆう》・円明《えんみょう》・真如《しんにょ》・杲隣・泰範・智泉・忠延《ちゅうえん》の十名である。高野山金剛峯寺の第二世になったのは真然、東寺の第二世になったのは実慧、『性霊集』を編纂した真済は神護寺第二世となった。杲隣の弟子の円行《えんぎょう》は入唐し、長安まで達して、青龍寺を継いだ義明に空海の入寂を伝えた。他にも、真如は唐に入ってさらにインドまでめざしたという。

空海が弘法大師の号を賜ったのは、のちの延喜二十一年（九二一）十月二十七日のことである。その背景には、東寺長者、金剛峯寺検校・醍醐《だいご》寺座主等を務めた観賢のひとかたならぬ尽力があった。

もっとも早い著作

ここに簡単に空海の主な著作についてまとめて記しておきたい。

空海の著作でもっとも早いものは、『聾瞽《ろうこ》指帰《しいき》』である。これは、延暦十六年（七九七）、空海が二十四歳の時の著と見られている。同年に、序文を全面的に書き改め、名称を『三教指帰』としたものも作っている（なお、これは帰朝後の作であるとの見解もある）。兎角公が主人と成り、亀毛先生に儒教、虚亡隠士に道教、仮名乞児に仏教の道の意義を説明させて、遊蕩に溺れていた蛭牙《しつが》公子を戒めることを通じて、自らが仏道に入る宣言ともしている（定本第七巻所収）。なお、ここに密教のことはまだ出てきていない。

大同元年（八〇六）、帰朝した空海は十月二十二日、『御請来目録』を作成して朝廷に提出している。前にも言ったように、都に上る高階遠成に託したのであった。同目録に記載された請来品は、新訳等の経典百四十二部二百四十七巻、梵字真言讃等四十二部四十四巻、論疏《ろんしょ》章等三十二部百七十巻、両界曼荼羅・伝法阿闍梨等の影等十舗、密教法具九種、阿闍梨（恵果）付属物十三種となっている。梵本の将来について、空海は「然れども猶《な》お真言幽邃《ゆうすい》にして、字字義深し。……是れ梵字にあらずんば長短別《わか》ち難し」（定本第一巻、二六頁）と述べている。

弘仁六年（八一五）、立宗宣言ともいうべき「勧縁疏《かんえんしょ》」を発したが、その頃、『弁顕密二教論』二巻を著した。この著作は言うまでもなく、密教は顕教と何が違うのかを明らかにしたものである。同書には、説法する仏身・説かれた教えの内容・成仏への時間の遅速・受ける利益の勝劣、といった観点から密教の特質を説いている。すなわち、密教独自の立場である法身説法《ほっしんせっぽう》、果分可説《かぶんかせつ》、速時成仏等を論じたものである（定本第三巻所収）。

密教解説の三部書

弘仁十年（八一九）頃か、空海は『即身成仏義』『声字実相義』『吽字義』等を著した。『即身成仏義』は、空海が考える「即身成仏」に関してあらためて明かしたもので、六大（地・水・火・風・空・識）、四曼（法曼荼羅・大曼荼羅・三昧耶《さんまや》曼荼羅・羯磨《かつま》曼荼羅）、三密（身密・語密・意密）などを用いつつ、密教独特の人間観・世界観を描いている。『声字実相義』は、感覚（五感）の対象で差異を有するものはすべて言語であって、しかもそれらの現象世界はすべて仏の本体そのものにほかならないことを説いている。『吽字義』は、吽(haum)を構成する訶・阿・汙・麽の各字(母音・子音)の持つ多彩で深い意味を明らかにしつつ、密教の視点に基づく世界観を明かしている。以上の三部書は、密教の世界によりふみこんでその内実を明らかにしたものである(定本第三巻所収)。

空海の主著『十住心論』

前に触れたように、天長七年(八三〇)、主著となった『秘密曼荼羅十住心論』(定本第二巻所収)およびそれを簡略化した『秘蔵宝鑰』(定本第三巻所収)を撰述した。両者とも人間の心を十段階に分けて低い段階から高い段階へと向上する十住心の様子を描いたものであり、しかもそれぞれの段階はさまざまな学派の思想に対応しているとして、儒教・バラモン教・仏教各宗の教理を体系的に組織したかたちになっている。仏教に関しては、顕教について声聞・縁覚・法相宗・三論宗・天台宗・華厳宗の次第となし、そのうえで密教を最高の段階においている。

さらに承和元年(八三四)、『般若心経秘鍵《はんにゃしんぎょうひけん》』を講じている。これは、『般若心経』の本文に対して、顕密各宗の立場が説かれているとし、最終的に密教の立場を最高のものとしていて、十住心思想と連動したものである。『般若心経』の「心」は、心真言(般若菩薩の真言）のことであると指摘している（定本第三巻所収）。

空海の戒律観を明かすものとして、『三昧耶《さんまや》戒序《かいじょ》』がある。すなわち、密教に入って修行しようとする者は、必ず「信心・大悲心・勝義心・大菩提心」を発すべきであるとし、信心の十義を明らかにするとともに、「諸仏如来、此の大悲・勝義・三摩地（大菩提）を以て戒と為したもう」と説く。勝義とは、諸宗の高低を見究めて、密教を採ることであり、ここに十住心思想も表れている。空海は、戒（尸羅《しら》）は清涼と寂静と訳すといい、具体的には衆生（他者）を自己自身と観じ、そこに四恩（父母・衆生・国王・三宝）を受け止めて、いわゆる十善戒（不殺生《ふせつしょう》・不偸盗《ふちゅうとう》・不邪婬《ふじゃいん》・不妄語《ふもうご》・不悪口《ふあっく》・不両舌《ふりょうぜつ》・不綺語《ふきご》・不慳貪《ふけんどん》・不瞋《ふし》恚《に》・不邪見《ふじゃけん》）を実践すべきことも説く。最後に「此の戒を以て自の身心を撿知して、他の衆生を教化す。即ち是れ秘密三昧耶の仏戒なり」とある（定本第五巻、三〜一〇頁参照）。

広範な領域の業績

さらに、『大日経開題』『金剛頂経開題』『教王経開題』『理趣経開題』『仁王経開題』『法華経開題』『梵網経開題』『最勝王経開題』『金剛般若波羅蜜経開題』『一切経開題』等の「開題」（「解題」）類の著作もある（定本第四巻所収）。『大日経開題』には七本があるが、「法界浄心」で始まるテキストには、自性身《じしょうしん》、受用身《じゅゆうしん》（自受用身、他受用身）、変化身《へんげしん》、等流身《とうるしん》の、四身による仏身論が見られる（定本第四巻、一一頁）。『金剛頂経開題』には、四種曼荼羅が「互相に渉入《しょうにゅう》すること帝釈《たいしゃく》の網珠《もうじゅ》の光明交映して、展転無限なるが如し」（同前、七三頁）という説明が見られる。

また、『秘密曼荼羅教付法伝』（『広付法伝』また『付法伝』）および『真言付法伝』（『略付法伝』）という、密教の法の相承を明かしたものもある（定本第一巻所収）。そこには、金剛界系に関して、次のような系譜が説かれている。

大日如来《だいにちにょらい》—金剛薩埵《こんごうさった》—龍猛菩薩《りゅうみょうぼさつ》—龍智菩薩《りゅうちぼさつ》—金剛智阿闍梨《こんごうちあじゃり》—不空阿闍梨《ふくうあじゃり》—恵果阿闍《けいかあじゃ》梨《り》—空海

この大日如来（法仏）は「常住三世の浄妙法身、法界体性智、大毘盧遮那自受用の仏」（定本第一巻、六六頁）とされ、さらに「法身、智身、二種の色相、平等平等にして一切衆生界、一切非情界に偏満《へんまん》して、常恒に真実語・如義語の曼荼羅法教を演説」されたのが密教の教えである等という（同前、六七頁）。

空海は弘仁五年（八一四）、嵯峨天皇に『梵字《ぼんじ》悉曇字母《しったんじも》并釈義《ならびにしゃくぎ》』一巻（定本第五巻所収）を呈上した。これは主にサンスクリットの文字の書法、音および意味や陀羅尼の種類や意義について解説したものである。サンスクリットに関するものとして、他に『大悉曇章』二巻（ただし門下の作か）と『御請来梵字悉曇章』一巻がある。

また『篆隷《てんれい》万象名義』（三〇巻）という、わが国最初の書体辞典と言われるものもある。

このほか、弘仁十一年（八二〇）、漢詩論である『文鏡秘府論』『文筆眼心抄《ぶんぴつげんしんしょう》』を著している。『文鏡秘府論』には、たとえば、「凡そ作詩の体、意は是れ格にして、声は是れ律なり。意高ければ則ち格高く、声弁《わ》かてば則ち律清し。格律全くして然る後に始めて調べ有り。意を古人の上に用ふれば、則ち天地の境は洞焉として観るべし」（定本第六巻、一一四頁）、「詩は志に本づくなり。心に在るを志と為し、言に発するを詩と為す。情中《こころ》に動きて言に形《あら》はれ、然る後に之を紙に書くなり」（同前、一一五頁）等とある。

なお、空海の逝去後、弟子の真済が空海の詩文を集めて編んだ『遍照発揮性霊集《へんじょうほっきしょうりょうしゅう》』十巻もある。この編集には空海自身が関与していたとの説もある。現行の『性霊集』では、巻八〜十が失われていて、そこにのちの仁和寺《にんなじ》の済暹《さいせん》が承暦三年（一〇七九）、空海の遺文を収集して編んだ『続遍照発揮性霊集補闕鈔』三巻を便宜的に充てている。

『性霊集』には魅力的な文章が多々あるが、ここでは一つだけ、例を挙げてみよう。「又《ま》た詩を作る者、古体を学ぶを以て妙と為す。古詩を写すをもって能《よ》しとせず。書も亦た古えの意に擬するを以て善《よし》と為す。古跡に似たるを以て巧みなりとせず」（「勅賜の屏風書き了りて即ち献ずる表並びに詩」、定本第八巻、四〇～四一頁）とある。芭蕉《ばしょう》はここから、「猶、古人の跡をもとめず、古人の求めたる所をもとめよと、南山大師《なんざんだいし》の筆の道も見えたり。風雅も又これに同じ」（「許六離別の詞」または「柴門の辞」）と述べるのであった。南山大師とは、空海のことである。なお、同じことだが、『文鏡秘府論』にも、「又た云えらく、凡そ詩は、惟《た》だ古えに敵《かな》えるを以て上と為し、古えを写すを以て能と為さず」（定本第六巻、一三二頁）とある。

以上、空海の著作について、簡単にまとめておいた。空海は、密教の教えを説くもののみならず、梵字関係や詩論など、語学・文学にもわたる広範な領域の業績も残しており、後の日本文化の展開に多大な影響を与えたのであった。

第二章　密教に至る仏教史——顕教から密教へ

釈尊の教え

弘法大師空海は、日本仏教各宗の祖師方のなかでも、日本の思想・文化にひときわ広範な影響を与えた高僧としてよく知られていよう。空海が開いた真言宗が、仏教であることは誰もが疑わないであろうが、日本には他にもさまざまな仏教の宗派がたくさんある。そうしたなか、真言宗は特に密教と呼ばれる仏教である。では密教というものは、さまざまな仏教のなかで、はたしてどのように位置づけられるべきものなのであろうか。このことを理解するには、仏教全体の歴史等を知る必要がある。以下、後世、密教の形成までにいたる、釈尊以来の仏教史を概観しておこう。

仏教の開祖は、いうまでもなく釈尊（紀元前四六三〜三八三）である。釈尊の説法そのものの忠実な記録は残っていないと言ってよいであろうが、『スッタニパータ』は比較的、釈尊の実際の説法に近いものと考えられている。また、釈尊の教えは、漢訳『阿含経《あごんきょう》』やパーリ語『ニカーヤ』によって伝えられているとされている。その教えは、簡略に言えば、四諦《したい》・八正道《はっしょうどう》・十二因縁《じゅうにいんねん》の教義に集約されると言えるであろう。ただし『阿含経』や『ニカーヤ』のこうした教義は、後世の仏教徒によってかなり整理されたものとみなされている。ともあれ、これらに見られる釈尊自身の教えとされるものを、原始仏教とも根本仏教とも呼ぶ。なお、『阿含経』等はやや後世の成立のはずなので、原始仏教と呼ぶべきではない、初期仏教と呼ぶべきだと主張する学者もいる。

　いずれにしても、釈尊の仏教の教理の中心は、四諦・八正道・十二因縁にあると見るのが通常である。四諦とは、苦諦《くたい》・集諦《じったい》・滅諦《めったい》・道諦《どうたい》のことで、人生は苦であるという真実、苦を集めるのは無明・煩悩であるという真実、苦は滅して涅槃《ねはん》が実現するという真実、その苦を滅するものは道であるという真実、と言っておく。苦には、生・老・病・死の四苦、およびこれに愛別離苦《あいべつりく》（愛する者と別れる苦）・怨憎会苦《おんぞうえく》（怨み憎む者と会う苦）・求不《ぐふ》得苦《とくく》（求めるものが得られない苦）・五蘊盛苦《ごうんじょうく》（身心の活動が盛んで制御しえない苦）を合わせた八苦がよく言われるが、なかでも生死の苦、端的に死の苦は、人生の根本問題である。集諦の煩悩としては、貪り・怒り・無明が主要なものとされている。道とは修行のことで、八正道が基本である。すなわち、正見《しょうけん》・正思惟《しょうしゆい》・正語《しょうご》・正業《しょうごう》・正命《しょうみょう》・正精進《しょうしょうじん》・正念《しょうねん》・正《しょう》定《じょう》のことである。こうした八正道等を修することにより、無明・煩悩を滅して、もはや生死輪廻を越えて涅槃に入り、救いは完成するというのである。

　十二因縁とは十二縁起ともいい、無明を根本として、十二項目の縁起によって、生死輪廻がやまないありかたを説明するもので、その十二項目とは、無明・行・識・名色・六処・触・受・愛・取・有・生・老死というものである。今、その詳しい説明は省略する

（拙著『インド仏教の歴史』、講談社学術文庫参照）。

また、五蘊無我《ごうんむが》の教えもある。五蘊とは色・受・想・行・識のことで、色は個体ないし世界を構成する物質的要素、受・想・行・識はその心理的要素のことで、受は感情、想は認知、行は意志、識は知性である。仏教はこれらを別々の心と見るのである。人間存在はこの五つの要素が仮に和合しているのみで、常住の自我・アートマンはないという。この教えによって、苦の発生する根本である我執《がしゅう》から離れさせようとするのである。

部派仏教の概要

釈尊は紀元前三八三年に亡くなったと言われている。これを仏滅という。それよりおよそ百年ほどは、各地のサンガ（修行共同体）の仏教徒は、一つの仏教教団に属しているとの意識を有していた。

しかし仏滅後百年の頃、仏教教団は大きく二つに分裂した。社会の変化に応じて釈尊が制定した戒律を変えていこうとするいわば革新派と、その戒律を厳格に守っていこうとするいわば保守派の二つに分かれたのである。前者を大衆部《だいしゅ》、後者を上座部《じょうざ》という。また、この分裂を根本分裂と呼ぶ。

教団がいったん二つに分かれると、その後、教義の解釈の違いや人脈等によってさらに細かく分裂していった。これを枝末《しまつ》分裂と呼ぶ。こうして分裂してできた各教団を部派というが、西暦紀元の頃までに、およそ二十ほどの部派が成立したと伝えられている（『異部宗輪論』）。これらの部派においては、釈尊の言葉および思想の細密な分析や整理・体系化に取り組み、精緻な思想体系を構築していった。この時代の仏教を、部派仏教という。

部派仏教の代表的な部派に、説一切有部《せついっさいうぶ》がある。説一切有部は、世界の構成要素を、五蘊にとどまることなく、物質的なもの（色法《しきほう》）、心理的なもの（心王《しんのう》・心所有法《しんじょうほう》）、物とも心とも言えないもの（心不相応法《しんふそうおうほう》）、変化しないもの（無為法《むいほう》）と、五つの部類（五位）に分け、七十五のダルマ（＝法）に分析した。この場合のダルマとは、世界の構成要素にほかならない。

仏教のもっとも基本的な用語に、我と法とがある。我とは、「常・一・主・宰」と定義されるもので、常住で不変でしかも主体的な存在と考えられたもののことである。簡単に言えば、変わらない永遠の自我といってよいであろう。

一方、法とは、「任持《にんじ》自性《じしょう》・軌生物解《きしょうもつげ》」と定義されるもので、世界がどんなに変化したとしても、そのなかで自己自身を保つもののことである。故に要は世界の構成要素のことと言え、前にも触れた説一切有部の五位七十五法が代表的である。

今、その内容の詳しい説明は省くが、色法十一、心王一、心所有法（心所）四十六、心不相応法十四、無為法三の七十五法で、色法には、五根・五境（感覚器官・感覚対象）等があり、心王は意識である。心所有法には、前述の受・想や、信・勤《ごん》・慚《ざん》・愧《き》や無明・放逸・懈《け》怠《たい》、貪・瞋《しん》、忿・覆・慳《けん》・嫉・悩・害・恨・諂《てん》・誑《おう》・憍《きょう》等々がある。心不相応法には、寿命や言語などが含まれている。無為法は、涅槃などである。

これらの諸法を、説一切有部では、三世《さんぜ》（過去・現在・未来）に実有《じつう》の永遠の存在と見た（法体恒有《ほったいごうう》）。その諸法に一瞬起きると言われる作用の縁起によって自己も世界も維持されるが、常住・不変の我は存在しないとする。当初の五蘊無我の教えの、その五蘊に当たる部分がさらに精緻に分析されて説明されたのである。こうして、諸法はあるが我はない（我空法有）という立場で、世界を説明するのであった。言うまでもなく、この世界観を学んだのちに、我執を離れるためのさまざまな修行が用意されている。特に四諦の観察が重要になっている。それらを行じて、最終的には生死輪廻を越えて涅槃に達しようとするのであった。

新仏教運動としての大乗仏教

この部派仏教の担い手は当然、出家者で、学問的な色彩も濃く、いわば高踏的で民衆の宗教的欲求にじゅうぶん応えうるものではなくなっていった。そうした状況のなかで、新たに大乗仏教が興起してくる。大乗仏教には、仏教文学なども豊かに流入しており、出家・在家を問わない新仏教運動として始まった。それは、西暦紀元の頃からであり、釈尊が亡くなって四百年ほどしてのことであった。『般若経』『法華経』『華厳経』『無量寿《むりょうじゅ》経《きょう》』などが民衆に語られるなかで、一定のかたちに形成されていった。この運動を進めた者たちは、それまでの伝統的な仏教すなわち部派仏教を小乗仏教と呼び、自分たちの仏教を大乗仏教と呼んでその優越性を誇示した。

小乗仏教と大乗仏教に関して、きわめて図式的に言えば、小乗仏教は我空法有を説き、我執を断滅して生死輪廻を越えた、寂静なる涅槃に入ることをめざす。これを果たした者を、阿羅漢《あらかん》という。これに対し大乗仏教は、我執だけでなく諸法への執着も問題であることを洞察していた。前に見たように、説一切有部は五位七十五法を説いたが、大乗の唯識学派では五位百法を説いている。百法は同じく世界の構成要素を意味している。それらへの執着からも解放させるために、大乗仏教では一切法空、我法倶空を説き、我執と法《ほっ》執《しゅう》とを断滅し、涅槃と菩提（智慧）の両者をともに実現して、仏となることをめざした。このとき、涅槃は生死にも涅槃にも住さない無住処涅槃《むじゅうしょねはん》となるのであり、永遠に利他活動する主体を実現するのであった。

初期の大乗経典

初期大乗経典のなか『般若経』は、一切法は空であり、したがってあらゆるものに執着することから離れよということを説く経典である。一見、消極的のように思われるかもしれないが、むしろ執着を離れることで自由自在な活動が実現することになり、もっとも積極的な立場を開こうとするものである。その基本となるものは『八千頌般若経《はっせんじゅはんにゃきょう》』(小品)である。これが拡大されたものには、『二万五千頌般若経』(大品)等がある。さらに個別のものとして、『金剛般若経』『般若心経』等があり、密教系のものとして『理趣経《りしゅきょう》』等がある。

『華厳経』は、漢訳に六十巻本と八十巻本とがある。教主は盧遮那仏(毘盧遮那仏)で、釈尊の成道直後の自内証(自ら内に覚った)の世界を説くと言われる。実際には菩薩道の道筋を描くことが主なテーマであり、信―十住―十行―十廻向―十地―仏と修行が進んでいくことを読み取ることができるものとなっている。後半三分の一は「入法界品《にゅうほっかいぼん》」といい、善財童子が五十三人の善知識(師)を訪ねて問法する求道遍歴物語が説かれている。

古来、「因分可説、果分不可説」といって、菩薩の修行の道筋は説けるが、仏果の世界は説けない、それで菩薩道について詳しく明かす、というのが『華厳経』の基本となっている。そのなかに、空の思想、唯心の思想、如来蔵思想等々が説かれており、また一入一切・一切入一、一即一切・一切即一（あるものが他の一切のものに入り込み、他の一切のものがあるものに入り込んでいる等）といった重重無尽の縁起思想も、譬喩《ひゆ》等によってしばしば語られている。また、「初発心時《しょほつしんじ》、便成《べんじょう》正覚《しょうがく》」という有名な言葉もあり、この句から信満成仏の語も生まれた。『華厳経』は、密教とひじょうに関係の深い経典である。

『法華経』は、現在、流布しているもの（鳩摩羅什《くまらじゅう》訳）によれば二十八品あり、前半を迹《しゃく》門《もん》、後半を本門という。その主題として、一乗思想（すべての者が仏になりうるという思想）、久遠実成《くおんじつじょう》の釈迦牟尼仏（永遠の大悲の仏の存在の主張）、菩薩の使命（伝道の重要性の強調）があるとされる。「方便品《ほうべんぼん》」には、「唯だ仏と仏のみ、すなわち能く諸法実相を究尽す」とあり、その諸法実相は十如是《じゅうにょぜ》によって示されている。「観世音菩薩普門品」には、三十三身に化現して無畏を施す観世音菩薩のことが説かれている。

また、浄土教は「浄土三部経」すなわち『無量寿経』『観無量寿経』『阿弥陀経』による仏教であるが、このなかで『無量寿経』は、阿弥陀仏（無量寿・無量光の仏）の本願について詳しく明かす経典である。阿弥陀仏はもと国王なのであり、世自在王仏に会うことによってみずから仏になろうと決意するのであった。その結果、あらゆる仏の世界を学んで本願（四十八願）を立て、長遠のあいだ修行し、仏となって極楽という名の浄土を完成した。その完成時はすでに十劫《じっこう》の昔のことという。四十八の本願のなかで、特に第十八願には「たとい我れ仏となるを得んに、十方の衆生、至心に信楽して我が国に生まれんと欲して乃至十念せん、もし生まれずんば正覚を取らじ」とあり、日本の法然《ほうねん》・親鸞《しんらん》等（浄土宗・真宗・時宗等）は、我々はこの願によって救われるとした。

インド大乗仏教の二大思潮

大乗仏教の当初は、こうした経典が宣布されるかたちであったろう。やがてそこに盛り込まれた思想内容が整理され、理論的な体系も構成されてくる。二〜三世紀と目される龍樹《りゅうじゅ》（一五〇〜二五〇）は『中頌《ちゅうじゅ》』（『中論』の頌の部分）等を著し、その下に中観派が形成された。『中論』は、あらゆるタイプの文章を吟味・分析して、主語を立てそれに述語するありかたでは事実から遊離してしまうことを解明している。文章のあり方での言語が解体されたところ（戯論寂滅《けろんじゃくめつ》）に真実を見ようとするものである。

一方、四〜五世紀とみなされる弥勒《みろく》・無著《むじゃく》（三九五〜四七〇）・世親《せしん》（四〇〇〜四八〇）は唯識の思想体系を大成し、その下に瑜伽行《ゆがぎょう》派が形成された。無著は『摂大乗論《しょうだいじょうろん》』、世親は『唯識二十論』『唯識三十頌』などを著している。唯識思想は、眼識・耳識・鼻識・舌識・身識・意識のほか、意識下の識（末那識《まなしき》・阿頼耶識《あらやしき》）を立てつつ、世界はそれらの識のなかに現れた映像にすぎない、実体としての我も法もありえない、と説くものである。刹那刹那、生滅しながら、無始より無終に相続する阿頼耶識は、無我にしてしかも生死輪廻することをたくみに説明するものとなっている。

また、人は誰でも如来の胎児を有していると説く、如来蔵思想の系譜も存在した。この如来蔵思想の淵源は、『華厳経』「性起品《しょうきほん》」にあり、『涅槃経』に出る「一切衆生、悉有仏性」の句も、如来蔵思想の一例である。他に『如来蔵経』や『無上依経《むじょうえきょう》』『宝性論』などの経論もある。有名な『大乗起信論』は、この如来蔵のことを、「本覚《ほんがく》」と表現した。人は本来、覚《さと》りの智慧を有しているという意味である。

大乗仏教中期以降の経典としては、『維摩経《ゆいまきょう》』『勝鬘経《しょうまんぎょう》』『解深密経《げじんみつきょう》』『楞伽経《りょうがきょう》』等がある。なお、一般に前述の中観派と瑜伽行派（唯識学派）とが、インド大乗仏教の二大思潮となったと言われる。中観派の思想は、中国において三論宗として展開され、瑜伽行派の思想は、玄奘三蔵《げんじょうさんぞう》（六〇二～六六四）の移植によって法相宗《ほっそうしゅう》として展開された。なお、インドにおいて、大乗仏教の教団がどのように存在したのかは、あまりよくわかっていない。少なくとも、大乗仏教独自の律（教団の運営方法を規定したもの）は見出されていない。

測り知れない時間の修行

この大乗仏教の道を歩もうと決意した者は誰でも菩薩と呼ばれる。これに対し、小乗仏教の修行者は、声聞《しょうもん》や縁覚《えんがく》という。菩薩には、文殊《もんじゅ》や普賢、観音や弥勒等々、仏とも変わらないほどの高位の菩薩もいるが、初めて菩提心を発したばかりの、修行の初歩の段階にいる菩薩も多数いて、そうしたいわば低位の菩薩は、「凡夫の菩薩」と言われる。

こうして、一切法空の世界観をかかげ、衆生救済の使命を重視し、自ら自利・利他円満の仏となることを目標とする大乗仏教は、思想的に小乗仏教を乗り越えるものがあったが、その菩薩としての修行の道のりは、時にとてつもなく遠大なものとして説かれた。特にその点で代表的なのが唯識思想であり、初めて菩提心を発してから仏になるまで、三大《さんだい》阿僧祇劫《あそうぎこう》という、とにかく気の遠くなるような測り知れない時間の修行が必要だと説いたのである。如来蔵思想においても、一例に『大乗起信論』はこれを踏襲している。しかしながら一方で、中観派はむしろ迷いも悟りもないとして頓悟《とんご》の立場に直結し、『華厳経』は、「初発心時、便成正覚」とも説くのであった。そのように、じつは大乗仏教の各宗派がすべて初発心より成仏までに三大阿僧祇劫の時間がかかるとしたわけではない。このことについては、次章において説明したい。

密教の成立

そうしたなかで七世紀頃、大乗仏教の理想を受け継ぎつつ、特に修行の方面において大乗仏教を批判的に見、自分らは格段に優れた修行方法を有していると主張する新たな仏教が起きてくる。これがすなわち密教である。それまでも、大乗仏教のなかで陀羅尼呪《だらにじゅ》等、密教的な要素が説かれなかったわけではないが、この頃になると、純粋に密教として構成された仏教が成立してくるのであった。密教では、根本に大日如来の存在を説き、曼荼羅の世界観を描き出す。さらに、独自の修行方法を提示したのである。

密教の経典としては、『大日経』『金剛頂経』等が有名である。『大日経』は、七世紀半ば頃には成立し、『金剛頂経』はそれより少し後の成立と目されている。『大日経』は、般若系であり、『金剛頂経』は、唯識系であると言われる。また、『大日経』は胎蔵曼荼羅の内容を描き、『金剛頂経』は金剛界曼荼羅の内容を説いている。その際、『大日経』は理を説き、『金剛頂経』は智を説くとも言われる。

密教の特質についてはまた後に述べるが、教主は大日如来であり、その修行方法は真言を重視したり、護摩を焚いたり、曼荼羅を描いたりなど独特のものがあり、インド古来の宗教的伝統と習合した側面も見られる。また大乗仏教の修道論を批判的に克服しようとするものであるがゆえに、まさに「即身成仏」を強調するのであった。

玄奘三蔵がインドのナーランダー寺において唯識思想等を研鑽した頃（六四〇年頃）は、まだ密教は盛んでなかったようだが（すでに盛んであったが、玄奘は伝えていないのだという見方もある）、七〇〇年頃には、中観派も瑜伽行派も次第に密教化し、ナーランダー寺は密教の拠点となっていった。七五〇年頃成立のパーラ王朝のもとで密教が保護され、ヴィクラマシーラ寺が建てられ、密教の中心道場となってからは、その後に密教寺として建てられたオーダンタプリ寺とともに、密教全盛となっていく。しかしその後、一二〇三年、イスラームによってヴィクラマシーラ寺、オーダンタプリ寺などが滅ぼされて、インドの仏教は滅びたのであった。

インドにおける密教は、四〜六世紀の陀羅尼読誦を中心とし、『蘇悉地経《そしつじきょう》』等による初期密教、『大日経』『金剛頂経』を主とし、三密の修行を説き、曼荼羅も整備された中期密教、その後、ヴィクラマシーラ寺を中心にさらに行法等で精緻になった後期密教と分けられるが、空海が将来した密教は、このなかで中期密教に相当するものである。

中国への伝来

中国に仏教が公伝したのは、永平十年（六七）と言われている。その後、『法華経』を翻訳した鳩摩羅什（三四四〜四一三頃）が四〇〇年前後の頃、活躍した。他に、『大品般若経』『中論』『大智度論《だいちどろん》』『十誦律《じゅうじゅりつ》』など多数の経論を翻訳している。南北朝時代（四二〇〜五八九）の頃は、『倶舎論《くしゃろん》』『摂大乗論』『十地経論』『涅槃経』等を研究する宗が成立したりした。伝承では、禅を伝えに菩提達磨《ぼだいだるま》がインドから中国に来たのは、四七九年より前の頃と言われている。

隋の時代（五八一～六一八）には、中観派の流れをくむ三論宗と、智顗《ちぎ》（五三八～五九七）が創始した、『法華経』に基づく天台宗とが活躍した。天台宗では、一つの事物に空・仮・中の三つの真実を見る三諦円融《さんたいえんにゅう》の思想が説かれた。『摩訶止観《まかしかん》』には、「一色一香《いつしきいっこう》、無《む》非中道《ひちゅうどう》」（一色・一香、中道に非ざる無し）という言葉がある。また、十界互具《じっかいごぐ》（地獄・餓鬼・畜生・修羅・人間・天上・声聞・縁覚・菩薩・仏の十界の各々は他の九界を具えている）を軸に、一人の衆生の一瞬の心にあらゆる事象が具わっているという、一念三千の思想も説かれた。

唐代（六一八～九〇七）に入ると、玄奘三蔵将来の唯識思想を説く経論に基づく法相宗が成立し、また、『華厳経』に基づく華厳宗が成立した。法相宗の根本聖典は、世親の『唯識三十頌』の詳細な注釈書である『成唯識論』（玄奘の訳出）である。弟子の慈恩《じおん》大師基《き》（六三二～六八二）は『成唯識論述記』を著し、さらに慧沼《えしょう》（六四八～七一四）は『成唯識論了《りょう》義燈《ぎとう》』を、智周《ちしゅう》（六六八～七二三）は『成唯識論演秘《えんぴ》』を著した。この『了義燈』と『演秘』は、基の『成唯識論枢要』とともに、「唯識三箇《さんが》の疏《しょ》」と呼ばれ、その所説は「三祖の定《じょう》判《はん》」とみなされている（深浦正文『唯識学研究』下、永田文昌堂、一九五四年、二五三頁）。唯識思想では、阿頼耶識を含む八識で自己と世界を説明し、六波羅蜜や十地、また三種の仏身論も説いた。かたわら、五位百法の世界の分析も示しており、大乗仏教に共通の基本的な世界観を提供している。

一方、『華厳経』に含まれている思想を体系的に整理したのが、唐の智儼《ちごん》（六〇二〜六六八）であり、その弟子の法蔵《ほうぞう》（六四三〜七一二）である。彼らによって、一入一切・一切入一、一即一切・一切即一の世界の論理が、十玄門等によって示された。そこに華厳宗が成立するが、いわば智儼がその創唱者、法蔵がその大成者である。智儼は、『華厳経捜玄《そうげん》記《き》』、法蔵は『華厳経探玄記《たんげんき》』を著している。

なお、華厳思想の体系を遺漏なくしかも簡潔にまとめているのは、法蔵の『華厳五教章』であろう。その十玄門のなかには、帝釈天の宮殿にかかる飾りの網の譬喩によって、重重無尽の関係性を明かす箇所がある。その網においては、網の目の一つひとつに宝石が括りつけられていて、それらが互いに映し合い、一つの宝石に無数の宝石が映るような事態が現出しているわけである。

自ら法蔵の流れを汲むと主張した澄観《ちょうかん》（七三八〜八三九）は、四《し》法界《ほっかい》の説を唱えた。すなわち、事法界・理法界・理事無礙法界・事事無礙法界というものである。事事無礙法界とは、異なる事物と事物とが融通無礙に融けあってしかもそれぞれであるといった世界観である。『華厳五教章』に説かれる「十玄門」は、この事事無礙法界の論理構造を多角的に解明したものである。

一方、禅宗では、六祖《ろくそ》慧《え》能《のう》（六三八～七一三）の門下に、多くの名僧が出たとされる。青《せい》原行思《げんぎょうし》（？～七四〇）、南嶽懐譲《なんがくかいじょう》（六七七～七四四）らである。さらに、馬《ば》祖《そ》道一《どういつ》（七〇九～七八八）、百丈懐海《ひゃくじょうえかい》（七四九～八一四）、黄檗希《おうばくき》運《うん》（？～八五〇）、臨済義《りんざいぎ》玄《げん》（？～八六七）、あるいは、洞山良价《とうざんりょうかい》（八〇七～八六九）、曹山本寂《そうざんほんじゃく》（八四〇～九〇一）等々も出た。一般に、中国において禅宗には五家七宗があったという。すなわち、臨済宗・曹洞宗・雲門宗・法眼宗・潙《い》仰《ぎょう》宗と、臨済宗のなかの黄龍《おうりょう》派・楊岐《ようぎ》派である。各宗のあいだで宗旨の根本が異なるわけではなく、いわば家風が異なるのである。禅は中国の風土のなかで独自の展開を果たし、次第に中国社会に浸透していった。

また中国浄土教には、慧《え》遠《おん》流・慈《じ》愍《みん》流・善導《ぜんどう》流の三つの流れがあったと言われている。廬《ろ》山《ざん》の慧遠（三三四～四一六）は、白蓮社《びゃくれんしゃ》という念仏結社を組織し、念仏三昧に励んだ。慈《じ》愍三蔵慧《みんさんぞうえ》日《にち》（六八〇～七四八）は、インドの求法旅行を通じて熱心な浄土信者となり、持戒・禅定と念仏との双修を認めたとされる。これに対し、曇鸞《どんらん》（四七六～五四二）、道綽《どうしゃく》（五六二～六四五）、善導（六一三～六八一）らが出て、他力の救いを追求していった。曇鸞は天親（世親）の『浄土論』に註を造り（『浄土論註』）、また、善導は『観経疏』『往生礼讃』等を著し、法然に特に深い影響を与えた。

密教経典の漢訳

さて、唐代の中期の頃か、密教が中国に伝来している。密教という仏教を、本格的に中国に紹介した最初の僧は善無畏（六三七〜七三五）である。ナーランダー寺で修学した善無畏は、七一六年に長安に来て『大日経』を訳出した。このとき筆受を務めたのは一行《いちぎょう》（六八三〜七二七）であった。『大日経』は詳しくは『大毘盧遮那成仏神変加持経《だいびるしゃなじょうぶつじんぺんかじきょう》』といい、仏を仏部・蓮華部・金剛部の三部に分けて描いている。善無畏はこのほか、『虚空蔵求聞持法経』を訳したほか、『蘇悉地羯羅《から》経』（『蘇悉地経』）、『蘇婆呼童子経《そばこどうじきょう》』等を訳した。

一行は、『大日経疏』を著している。この『大日経疏』は、後に智厳・温古により校訂が施され、それは『大日経義釈』とされている。真言宗では空海が将来した『大日経疏』を、天台宗では円仁《えんにん》、円珍《えんちん》が将来した『大日経義釈』を用いている。なお、善無畏の弟子の一人に義林《ぎりん》がおり、その弟子に順暁《じゅんぎょう》がいて、最澄はこの順暁に密教を学んだ。

一方、金剛智（六七一〜七四一）は、七二〇年、不空とともに洛陽に来た。金剛智はナーランダー寺で出家・修学した僧で、『金剛頂瑜伽中略出念誦経』を訳し、その後、この経典は不空によって『金剛頂一切如来真実摂大乗現証大教王経』として再訳された。一般に『金剛頂経』とは、具体的にはこの経典のことである。『金剛頂経』は、仏を仏部・蓮華部・金剛部・宝部・羯磨部の五部に分けて説いている。金剛智は、その後、多数の密教経典を漢訳した。

　金剛智の弟子である不空は、やはりナーランダー寺で修学した僧で、師・金剛智が中国で亡くなるまでともに活動したが、師の没後、いったんインドに帰り、多くの密教経典を携えて七四六年、ふたたび長安に戻った。その後、生涯に大量の密教の経論を訳出している。このことから、鳩摩羅什・真諦・玄奘・不空が、中国における四大訳経家とされている。当時の、玄宗《げんそう》・粛宗《しゅくそう》・代宗《だいそう》といった皇帝に重用され、国家のためにしばしば祈禱を修した。弟子に慧朗等、多数がいたが、恵果（七四六〜八〇五）もその一人である。

　いうまでもなく、この恵果が空海の師である。空海は、八〇五年、長安で恵果にまみえ、密教のすべてを相承した。しかしながら、この年の終わりに（八〇五年十二月十五日）、恵果は亡くなってしまうのであった。恵果に著作は残っていない。その思想は、空海の伝えるところから類推されるのみである。

『大日経』と『金剛頂経』とは、もともと成り立ちが異なっていたが、両経はほぼ同時に中国にもたらされ、かつ不空の翻訳ないし撰述による密教の儀軌において金剛界と胎蔵界との統合がなされ、恵果はこれを受けつぎ空海に授け、空海により、金胎両部を一体化しての体系的な密教教理が確立されたのである。

中国では、不空が世を去って七十年ほどして、また空海が中国を去って三十数年を経て、もっとも大きな仏教弾圧となった会昌《かいしょう》の破仏（八四二年以後）が起き、この破仏により唯識、天台、華厳、密教など、高度な教理を有する仏教は、中国では衰滅するほかなかった。宋代以降は、禅宗と浄土仏教が盛んとなった。

日本への仏教公伝——聖徳太子、南都六宗

日本への仏教の公伝は、五三八年と言われている。一般に、日本仏教の原点は、聖徳太子《しょうとくたいし》であると言われ、太子は、『法華義疏』『勝鬘経義疏《しょうまんぎょうぎしょ》』『維摩経義疏《ゆいまきょうぎしょ》』を著したと伝えられているが、『涅槃経』をも深く学んだようである。聖徳太子作と伝える『十七条憲法』には、「篤く三宝を敬え」等、仏教精神が深く盛り込まれている。聖徳太子の残した言葉、「世間虚仮、唯仏是真」は有名である。

やがて奈良時代には、倶舎宗・成実宗《じょうじつ》・法相宗・三論宗・華厳宗・律宗の南都六宗が成立している。倶舎宗・成実宗は、それぞれ『倶舎論』『成実論』を学ぶ、いわば小乗仏教の学問であり、倶舎宗は法相宗の、成実宗は三論宗のなかで学ばれた。

法相宗は、前にも触れた唯識思想を研究する宗であり、興福寺、薬師寺などで学ばれた。唯識思想においては、すべては心に現れたものにすぎないと説き、外界の実在を否定

し、一方、意識下の阿頼耶識を説くなど、現代思想に通じる部分も少なくない。

三論宗は、龍樹の中観派の流れを汲み、およそ隋の時代に活躍した吉蔵《きちぞう》の『三論玄義』『大乗玄論』等の教学を研究した。大安寺などが有力な寺院であった。一切の有所得《うしょとく》(対象的認識)を否定し、破邪がそのまま顕正であるとし、無得正観を訴えた。

また華厳宗は、智儼・法蔵などの華厳教学を研究する学派である。華厳宗を導入したのは、良弁《ろうべん》と言われている。聖武《しょうむ》天皇は東大寺を華厳宗の拠点とし、『華厳経』の教主・盧舎那仏の大仏を建立した。一即一切・一切即一等の重重無尽の縁起の思想を展開した。

さらに律宗は、どの宗派にも共通の戒律について学ぶ宗派で、中国から渡来してくださった鑑真《がんじん》によって整備された。鑑真は唐招提寺を拠点として、主に『四分律』を中国の南《なん》山道宣《ざんどうせん》の解釈により講じた。

奈良時代の仏教は、一般に鎮護国家の仏教であったとみなされている。たしかにそうした面は否めないが、そこで研究された仏教思想の内容は、唯識にせよ華厳にせよ、哲学的にきわめて深いものがあった。

日本仏教の土台——平安時代

平安時代には、最澄・空海の双璧が出てくる。最澄は天台宗を基盤に、禅・密教・律も学べる総合的な仏教の道場を比叡山に開いた。最澄は自ら密教の導入が不十分であると感じ、後輩らに密教の充実を託したのであったが、そのこともあって後に比叡山は密教化していった。一般に比叡山の密教を台密、空海の真言密教を東密という。

最澄は当時の法相宗の徳一《とくいつ》と一乗・三乗をめぐって激烈な論争を展開した。そうしたなかで、『法華経』に基づきながら、即身成仏が可能であることも主張したのであった。最澄はあくまでも『法華経』が最高で、密教はこれに同ずるものとの考え方であったが、それも『法華経』による即身成仏の道を見出していたからであろう。これに対して空海はあくまでも密教が最高で、その次に華厳宗の思想があり、『法華経』に基づく天台宗の思想をその下に位置づけるのであった。

その空海は入唐して、真言密教を日本に将来し、高野山、東寺などによってその教えを広めた。空海は八〇四年末、唐の長安に到り、翌年、青龍寺の恵果阿闍梨から密教のすべてを受け継いだのであった。すなわち、金剛界・胎蔵界の灌頂を受け、密教独自の修法および悉曇《しったん》などを修得し、両部の曼荼羅の図画や経論の書写、密教法具などを授かった。その後も多くの経論・法具を入手し、日本に将来した。『御請来目録』は、そのリストであり、そのほかにも将来したものがあった。

この最澄と空海とが、日本仏教の土台を築いたと言っても過言ではないであろう。特に空海は、南都の諸宗をも密教化していったのであった。

鎌倉新仏教

鎌倉時代になると、中国の善導の浄土教を受けた法然の浄土宗、法然の弟子証空《しょうくう》の浄土宗西山義《せいざんぎ》、同じく法然の弟子の親鸞による真宗、さらに証空の系譜につらなる一遍《いっぺん》の時宗等の浄土教が教線を拡大していった。基本的に、浄土教は南無阿弥陀仏の念仏により、阿弥陀仏の浄土・極楽世界にひきとってもらって救われようというものであるが、日本で展開した浄土教は、より実存的な、この世の自己にかかわる深みのある救いを創出していった。簡略に言えば、法然は念仏の、親鸞は信心の、一遍は名号の救いを宣べた。

また、栄西《えいさい》による臨済宗、道元《どうげん》による曹洞宗の禅宗もさかんになってくる。栄西も道元も宋に渡って禅を日本に伝えたが、同様に日本から大陸へ渡って禅を修行した僧はその後も少なくなかった。あるいはむしろ宋から日本にやってきた禅僧も少なくなかった。禅は不立文字《ふりゅうもんじ》・教外別伝《きょうげべつでん》を標榜し、坐禅を通じて覚りを自覚する道である。臨済宗は対面で、曹洞宗は面壁で（壁に向かって）坐禅する。また臨済宗は公案を用いた修行を進め、曹洞宗は只管打坐《しかんたざ》を標榜する。

さらに、天台の教義に基づく新たな実践的仏教である法華宗（日蓮宗）も出た。日蓮は、「南無妙法蓮華経」と、『法華経』の題目を唱えれば、そこに久遠仏の覚りが授けられるというのである。なお、日蓮は、髭文字《ひげもじ》によって中央に南無妙法蓮華経と大きく書き、まわりに諸仏諸尊の名前を配した図顕の大曼荼羅を用いる。そのように日蓮の仏教には、多分に密教的要素が含まれていると言いうる。

以上、鎌倉時代には、いわゆる鎌倉新仏教の出現を見たのであった。もちろん、それまでの仏教もおのおのその存続に腐心していたにちがいない。

南都仏教は学問仏教、平安仏教は学問と修行双方重視の仏教、鎌倉新仏教は修行に純化された仏教といえよう。それらが今日の日本の仏教の大半を構成しているわけである。

密教は仏教なのか

以上、釈尊から主に空海の密教に至るまでの、三国仏教史をごく簡略に概観した。仏教全体における密教の位置も、ほぼ知られたかと思う。前に、「大乗仏教の理想を受け継ぎつつ、特に修行の方面において大乗仏教を批判的に見、自分らは格段に優れた修行方法を有していると主張する新たな仏教が起きてくる」と記したように、密教は大乗仏教の延長線上にあることはまちがいない。しかしながら、じつはそれまでの仏教とかなり異なる側面を有していることも事実である。したがってほんとうは、はたして密教は仏教なのかそれとも仏教ではないのではないか、さえも問題であるというべきである。

たとえば、密教が釈尊を開祖とする仏教かといえば、それは微妙な問題となる。たしかに密教は空の思想や唯識の思想などを受け継いでおり、思想的に大乗仏教に多くを負っている。しかし密教においては、釈尊はじつは、根本を大日如来とする曼荼羅のなかの一尊格に過ぎない。歴史上の釈尊は、たとえば胎蔵界曼荼羅（本来は、胎蔵曼荼羅が正しい）で言えば、中央からはやや外側の第二重の釈迦院にいる釈尊の、その化身に過ぎないのである。胎蔵界曼荼羅では、中央の中台八葉院を、三重の院が取り巻くが、第一重は、菩提心、第二重は大悲、第三重は方便に対応しているという。『大日経』の、「菩提心を因となし、大悲を根となし、方便を究竟《くきょう》となす」という、有名な言葉（三句）に対応したものである。ちなみに、このことは、慈雲《じうん》尊者が唱えたことらしい（頼富本宏『『大日経』入門――慈悲のマンダラ世界』、大法輪閣、二〇〇〇年、九八頁）。

しかも顕教に説く釈尊の菩提樹下での覚りについて、密教経典では、じつはそれは不十分なものなのであって、一切如来がさらに密教の観行を修すべきことを指導して、ようやく本来の悟道に到ったと主張する。具体的には、『秘蔵宝鑰』における引用によれば、次のようである。これは、第九住心、「極無自性心」の説明の所に出てくるものである。長くなるが、興味深い箇所でもあり、あえて長く引用しておく。

守護国経に云く、爾の時に、釈迦牟尼仏の言わく、秘密主、我が無量無数劫の中に於いて、是の如くの波羅蜜多《はらみった》を修集して、最後身に至って六年苦行すれども、阿耨多羅三藐《あのくたらさんみゃく》三菩提《さんぼだい》を得て、毘盧遮那《びるしゃな》と成らず。道場に坐せし時に、無量の化仏、猶し油麻の如く虚空に遍満《へんまん》したもう。諸仏同声にして我に告げて言わく、善男子《ぜんなんし》、云何《いかん》がして成等正覚を求むる。我れ仏に白《もう》して言《もう》さく、我れは是れ凡夫たり、未だ求むる処を知らず。唯し願わくは慈悲をもて我が為に解説《げせつ》したまえ。是の時に仏、同じく我れに告げて言わく、善男子、諦《あきらか》に聴け、当《まさ》に汝が為に説くべし。汝、今、宜《よろ》しく当《まさ》に鼻端《びたん》に於いて月輪《がちりん》を想い、月輪の中に於いて唵字《おんじ》の観を作《な》すべし。是の観を作し已って後夜分に於いて、阿耨多羅三藐三菩提を成ずることを得たり。善男子、十方世界の恒河沙《ごうがしゃ》の如き三世の諸仏、月輪に於いて唵字の観を作《な》さずして仏と成ることを得《う》といわば、是の処《ことわり》有ること無し。何を以ての故に。唵字は即ち是れ一切の法門なり、亦た是れ八万四千の法門の宝炬関鎖《ほうこかんさ》なり。唵字は即ち是れ毘盧遮那の真身なり。唵字は即ち是れ一切陀羅尼《だらに》の母なり。此《こ》れ従《よ》り能く一切如来を生ず。……（定本第三巻、一六五～一六六頁）

要は、釈迦牟尼仏に関して顕教の範囲で説かれる成仏した覚りは不十分であり、釈尊はじつは菩提樹下での成道時に、多くの仏が集まってきて一様にそのことを告げる教戒を受けて、さらに密教の観法を修することを通して、初めて真実の仏になったのだというのである。顕教の仏はほんとうの仏ではない、密教の仏こそが真の仏だというのである。そこには、まったく同じ趣旨の『金剛頂経』の文も引用されている。

このように密教は、顕教で説く釈尊の成仏に関する伝説を明らかに否定しており、その意味で顕教が明かした釈尊の仏教のなかのものとは言えないであろう。したがって、密教は伝統的な仏教を継ぐとは言えないと見るべきではなかろうか。このことには十分、留意しておく必要がある。

独自の仏教

もっとも、ではそもそも大乗仏教は釈尊の仏教なのかといえば、大乗非仏説の論があるように、歴史上の釈尊が説いたものとはとうてい考えられず、その限りはすくなくとも釈尊の教えではないというべきなのであろう。阿弥陀仏や薬師如来、さらには毘盧遮那仏を説く教えは、歴史上の釈尊の教えと相当隔たりがあるにちがいない。しかしこれも仏教である所以は、一つはそれらを釈尊が説いたと伝えていることから、もう一つは、釈尊ではないかもしれないが仏すなわち覚者が説き、また覚者（仏）と成ることをめぐっての教えであるからであろう。

密教の場合、じつは自らの教えを釈尊が説いたものだとは言っていない。密教にとって、釈尊はけっして中心的な存在ではないのである。しかし密教が見るところのほんとうの覚者（仏）が説いた教えだ、あるいはほんとうの覚者（仏）になる教えだという主張は有していよう。この点においては、仏教と言いうるとも言える。あるいはまた、この密教こそじつは釈尊の究極の真意・深意を明かしたものなのだと主張するに違いない。

このように、密教は伝統的な仏教ではない面と仏教でありえている面と、二つの側面を有していると私は思う。私は、密教は、釈尊を祖と崇める普通の仏教ではない、きわめて独自の仏教だと思う。大乗仏教と接続している面もあるが、むしろ断絶している面が大きいと思わずにはいられない。ここで問題になるのは、結局、それが思想的な正しさや深さにおいて、じゅうぶん納得できるものなのか否かであろう。じつは大乗仏教が仏教かどうか、仏教として私たちに受け入れられるものであるかどうかについても、結局、この問題が鍵になると思われる。以下、本書においては、この問題意識を携えつつ、密教の世界、とりわけ空海の『即身成仏義』が語る世界を探索してみたいと思うのである。

第三章　仏教における「即身成仏」の思想史

仏と成るとは

本書では、空海の思想を、「即身成仏」ということに焦点を合わせ、その著『即身成仏義』を中心に解明していくのであるが、その探究の旅に出るにあたり、そもそも仏教において、「成仏」とはどのようなことであるのか、「即身成仏」とはどのような意味を持っているのか、あらかじめひととおりの理解を持っておきたいと思う。そこで本章においては、仏教全体における、いわば成仏についての思想史、さらには即身成仏の思想史をたどっておくことにする。

初めに、「成仏」ということについてである。いったい、仏と成るとは、どういうことを意味しているのであろうか。

元来、仏とはbuddha＝仏陀の陀が取れたもので、ブッダとは覚者の意味である。すなわち、覚りを成就した人が仏である。したがって仏教とは、「仏＝ブッダ＝覚者の教え」という意味の言葉である。いわゆる小乗仏教においては、ブッダという存在として、基本的に釈尊以外、考えられていない。一方、大乗仏教では、ブッダ＝覚った人は三世《さんぜ》十方《じっぽう》に多数存在していると見る。実際、釈迦牟尼仏以外に、阿弥陀仏、薬師仏、毘盧遮那仏等々が語られている。その背景にあるのが、あらゆる衆生に仏性がある（一切衆生《いっさいしゅじょう》、悉有仏性《しつうぶっしょう》。

仏性とは、成仏の因のこと）との了解である。

覚りとはどのようなことか

そのように、仏＝ブッダとは覚った人の意であるが、ではその覚りとはどのようなことなのであろうか。いったい釈尊は何を覚ったのであろうか。

一般に釈尊の覚りに関して、パーリ『律蔵《りつぞう》』の「大品《だいぼん》」にある釈尊の伝記のなか、成道の様子を描く場面から、釈尊は縁起を覚った、あるいは縁起の理法を覚った、とよく言われる。それは、釈尊の成道の場面に、いかにも縁起を覚ったかのような記述が見られることによるものである。

その場合の縁起とは、いわゆる「十二縁起」のことであり、必ずしもすべてのものが関係性のなかにあるという認識のことではない。すなわち、我々の苦しみの生存のもっとも根底には無明があり、それを根本として十二項目（無明・行・識・名色・六処・触・受・愛・取・有・生・老死）の縁起を経て、生死輪廻の苦しみがあることを明かすものである。その観察のこととその観察による知の発生のことが、そこに詳しく語られていることから、釈尊は縁起を覚ったと言われるのである。

しかしながら、その成道の場面の記述の全体を注意深く読めば、釈尊は縁起の覚り以前に解脱を自覚し、その解脱の楽しみを一週間味わって後、縁起のことを観察したことが知られる。すなわち、その「大品」の「仏伝」の最初には、はじめて覚りを開いてから七日のあいだ、その法楽を楽しみ、その後に縁起の観察をおこなったと記されている。したがって、十二縁起の了解以前に解脱の自覚（すなわち覚り）があったと見るべきであろう。その覚りの眼によって人間の苦悩が生み出される原因を探求して、十二縁起のしくみを解明したのであった。

不生にして不死なる世界

十二縁起の観察の前に根本的な覚りがあったのだとして、ではその覚りとは、どのようなことなのであろうか。そのことを多少なりとも明かす記述として、私は、『マッジマニカーヤ』（『パーリ仏典経蔵中部』のこと）にある『聖求経《しょうぐきょう》』（一つの仏伝）の次の一節がきわめて参考になると思う。

修行僧らよ。かくしてわたくしはみずから生ずるたちのものでありながら、生ずることがらのうちに患いを見て、不生なる無上の安穏・安らぎ（ニルヴァーナ）を求めて、不生なる無上の安穏・安らぎを得た。みずから、老いるもの・病むもの・死ぬもの・憂うるもの・汚れたものであるのに、老いるもの・病むもの・死ぬもの・憂うるもの・汚れたもののうちに患いのあることを知って、不老・不病・不死・不憂・不汚なる無上の安穏・安らぎを求めて、不老・不病・不死・不憂・不汚なる無上の安穏・安らぎを得た。そうしてわれに知と見とが生じた、――「わが解脱は不動である。これは最後の生存である。もはや再び生存することは無い」と。(『聖求経』。中村元『ゴータマ・ブッダ』I、中村元選集［決定版］第十一巻、春秋社、四〇三〜四〇四頁)

ここでは、生・老・病・死等のあらゆる苦悩を離れた、不生・不老・不病・不死・不憂・不汚なる無上の涅槃を得たところに覚りがあると示している。このような不生にして不死なる世界こそ、諸々のダンマ(ダルマ)の観察以前の覚りにふさわしいと思われる。

実際、釈尊自身の説法にもっとも近いと考えられる『スッタニパータ』にも、釈尊の覚りに関するいくつかの言葉を見出すことができる。たとえば、次のような言葉である(以下は、中村元訳『ブッダのことば――スッタニパータ』、岩波文庫、一九五八年からの引用である。文末の括弧内数字は、聖句の番号を表す)。

心を統一したサキヤムニは、(煩悩の)消滅・離欲・不死・勝れたものに到達された。

──その理法と等しいものは何も存在しない。このすぐれた宝は理法のうちに存する。この真理によって幸せであれ。(225)

こだわりあることとなく、さとりおわって、疑惑なく、不死の底に達した人、──かれをわたくしは〈バラモン〉と呼ぶ。(635)

釈尊の覚りは、不死ということに到達するものであった。では、ここにいう不死とは、生をどこまでも延長したところにあるものなのであろうか。おそらくそうではなく、むしろ生と死の対立以前の世界、不生ゆえに不死の世界のことであろう。こうして、『スッタニパータ』と前述の『聖求経』とのあいだには、通底するものを見出すことができるのである。

以上により、釈尊の覚りは、十二縁起の解明にというより、不生不死の世界を体得したところにあるものとみなすべきだと私は考えている。

八不中道の覚り

覚りに関するこのような思想は、後の、たとえば大乗仏教の主張にも通じるものである。たとえば大乗仏教の代表的な経典、『法華経』の「如来寿量品《にょらいじゅりょうほん》」には、如来は不生・

不滅等の覚りの智慧を有していることを説いている。次のようである。

如来は如実に三界の相は、生まれること死すること、若しくは退すること若しくは出ずること有ることなく、亦、世に在るもの及び滅度する者もなく、実にも非ず、虚にも非ず、如にも非ず、異にも非ざることを知見して、三界のものの三界を見るが如くならざればなり。斯《かく》の如きの事を、如来は明かに見て、錯謬《あやまり》あることなし。（坂本幸男・岩本裕訳注『法華経』下、岩波文庫、一九七六年、一八頁）

さらに龍樹の『中論』の冒頭の帰敬偈《ききょうげ》には、かの『聖求経』の所説に似た、八不中道の覚りが示されていることは、よく知られていよう。

滅するのでもなく・生じるのでもなく、断滅でもなく・常住でもなく、一でもなく・異でもなく、来るのでもなく・去るのでもない（ような）、言葉による分別（戯論）が寂滅した、寂静の縁起を説いた仏に、諸の説法する方の中の最高の方として、帰依したてまつる。（三枝充悳『中論——縁起・空・中の思想』上、第三文明社、一九八四年、八三〜八五頁所載のテキストによる）

この偈によれば、龍樹は、八不中道の縁起＝勝義諦《しょうぎたい》こそが究極の真理であるとみなしていたことがうかがえる（その他『中論』第二十五章「観涅槃品」等も参照されたい）。

このように、大乗仏教の説くところによれば、仏道における根本の覚りとは、けっして分別的知性による縁起の了解のようなことではなく、無分別《むふんべつ》的な直覚的な世界だと見ることができる。実際、大乗仏教の唯識説においては、まさに無分別智の語が用いられているしかも無分別智が生じた後には、後得智《ごとくち》が生まれるとされている。はたらきを持つ智慧であり、無分別智を背景に、世界のあらゆる事物について的確に認識・判断する智慧である。私には、無分別智から後得智へは、釈尊の不生・不死の涅槃の覚りから十二縁起の分析・解明の遂行への道筋を、なぞるもののように思えるのである。

誰でも仏と成ることができる——大乗仏教の諸仏

釈尊はブッダとなり、一生のあいだ、民衆を教化しつづけた。釈尊の前にいわゆる過去七仏がいたとの伝承もあるが、小乗仏教では、仏はほぼ釈尊一人のみと考えられている。声聞や縁覚の仏道では、修行が完成しても仏には成りえず、せいぜい阿羅漢どまりで、身心を完全に滅した無余依涅槃《むよえねはん》に入っておしまいということになる。しかし大乗仏教においては、明瞭に三世十方多仏説に立っている。大乗仏教では、どの修行者も仏（覚者）に成ることをめざして道を歩むのであり、ゆえに過去に仏と成った者もいるし、現在、仏に成りつつある者もいるし、未来に仏に成るであろう者もいることになる。誰でも、このうえない正しい完全な覚りを成就することを発願（発阿耨多羅三藐三菩提心＝発菩提心＝発心）して修行に励めば、やがて仏と成ることができるというのである。

しかも仏と成った者は、一つの三千大千世界なる領域を教化し、その世界での衆生救済に励むことになる。三千大千世界とは、一小世界、いわば地球社会を、千×千×千、つまり十億あつめたほどの広大な領域となる。しかもそういう大千世界が、宇宙にはいくつもあり、何人もの仏がいるというのが、大乗仏教の宇宙観である。この目もくらむような広大な宇宙空間は、まさに想像を絶するほどに広大無辺というべきであろう。

ともあれ、大乗仏教は三世十方に多数の仏が存在していると見ている。その仏とは、修行を完成した人のことで、それ以前の修行者を菩薩という。大乗仏教徒である菩薩は、十信・十住・十行・十廻向・十地・等覚・妙覚という修行の階梯（五十二位。十住・十行・十廻向・十地・仏の四十一位もある）を経て仏に成る。妙覚が仏である。まず、十信の修行において信心の成就（信決定《しんけつじょう》）を果たすと、初発心住という名の十住の初段階に入る。以後、十住・十行・十廻向の修行を完成すると、十地の最初の段階に入るが、ここで無分別智を開いて後得智も得る。そこからさらに無分別智の修習を中心とする十地の修行をおこなっていく。その果てに、あと一生で仏に補任されるという一生補処《いっしょうふしょ》の位に就く。ここが等覚である。さらに金剛無間道を経て妙覚すなわち仏に成るのである。

自利利他円満の存在

この仏に成るということを、唯識思想の方から説明すると、凡夫の八識が、すべて智慧に変わることをいう。阿頼耶識は大円鏡智《だいえんきょうち》に、末那識は平等性智《びょうどうしょうち》に、意識は妙観察智《みょうかんざつち》に、眼・耳・鼻・舌・身の前五識は成所作智《じょうしょさち》に転じるのである。十地の初地では、意識と末那識が妙観察智と平等性智に転じることが起きる。しかし阿頼耶識と前五識はその段階では智慧とはなりえず、仏と成ったとき初めて大円鏡智と成所作智が成就するという。

このなか、大円鏡智とは、大きな丸い鏡のような智慧で、そこに宇宙の森羅万象を映し出しているものである。平等性智は、自他平等性、じつは真如・法性を覚る智慧である。妙観察智とは、あらゆる事物の意味を的確に知り、また一定の位以上（十地）の菩薩に説法する智慧でもある。成所作智とは、作《な》すべき所、すなわち修行に入る根本（本初）に誓願したこと、要はあらゆる衆生を救済することを成就する智慧であり、凡夫の衆生の感覚に仏の映像（影像）などを描き出して救い導く活動をおこなうものである。その根底には、自他の平等性を覚している平等性智に基づく大悲がある。妙観察智は、前にもいったように、一定の位にある菩薩たち（十地以上）に説法することもおこない、また相手に応じた方便を設けるはたらきをなすのであった。

　こうしてみると、仏とは、四《し》智《ち》円明《えんみよう》となって、他者の救済のためにはたらいてやまない存在、自利利他円満、自覚覚他円満の存在というべきであろう。釈尊の不生・不死の覚りは、大乗仏教に至って、さらに深く、さらに広く究明されていったのであった。

　自利利他円満の仏と成った者のあり方をより整理して示すものが、大乗仏教における三身論などの仏身論である。三身論は、自性身《じしようしん》・受用身《じゆゆうしん》・変化身《へんげしん》というのが本来の名称で、これらすべてを合わせて法身と呼ぶこともある。一方、自性身等に対応する仏身の名として、法身《ほつしん》・報身《ほうじん》・化身という言葉もよく使われており、むしろこちらの方が親しまれているであろう。

　この場合の法身＝自性身は、諸法の本性である法性（＝空性）すなわち真如を仏身論において呼ぶ名称である。仏の本体ということになる。これを別の言葉でいえば、清浄法《しようじようほつ》界《かい》である。報身＝受用身は、修行の報いとしての結果すなわち四智を仏の身体として見たものである。これを受用身というときは、修行して獲得した無量の功徳を自らに受用する自受用身と、その功徳を他者に受用せしめる他受用身とが区別されて言われることにもなる。化身＝変化身は、その智慧（特に成所作智）が凡夫の感覚に描き出した映像としての仏身である。

このように三身論の仏身論からいっても、仏とは自利利他円満の存在であることを想うべきであろう。智慧はじつに慈悲そのものでもあるのである。なお、この清浄法界と四智とは、のちに密教で法界体性智と四智の五智を説く基となったと思われる。唯識説における清浄法界（＝真如・法性・空性）は、理（究極の普遍）のみであって、智とは区別される（理智隔別）。如来蔵思想や密教では、この理が智と一体である（理智不二《りちふに》）と見るのである。

三大阿僧祇劫の時間の修行

仏と成るとは、このようなことだとして、大乗仏教の修行者すなわち菩薩は、凡夫の八識が四智《しち》円明《えんみょう》になるまで、言い換えれば、初発心から仏になるまで、死んでは生まれ、死んでは生まれ、生死輪廻をくりかえして修行しつづけていくのだと考えられている。

では、その修行期間は、どのくらいと考えられているのかというと、大乗仏教の基礎的な世界観を提供している唯識思想においては、三大阿僧祇劫の時間がかかると説いている。一大阿僧祇劫とは、諸説あるようであるが、その代表的な説によれば、八百里立方の岩を、天女が着ている衣のような柔らかな布で、天の時間で三年（人間の世界で三百年か）

に一度撫でて、その岩が磨滅する時間だという。これだけでも気の遠くなるような莫大な時間であるが、これを三つ重ねた時間、修行を持続して初めて仏に成りうるというのである。初発心住から十地の最初、初地までで一大阿僧祇劫、十地の初地から第七地までで一大阿僧祇劫、第八地から第十地を終えるまでで一大阿僧祇劫、の時間がかかるという。こうして、三大阿僧祇劫の時間を経て、成仏することができるというのが、大乗仏教の基本的な考え方であった。日本の南都仏教の法相宗は、この立場に立つ。

また、如来蔵思想の立場に立つ『大乗起信論』でも、初発心から成仏するまでに、三大阿僧祇劫の時間がかかるとする点は同様である。どうもインド人はそれだけ長い修行をする仏教であるからこそ、優れた仏教であると考えたようである。

しかしながら、たしかにこれではいつ成仏できるのか、はたして本当に成仏できるのか、不安になることもあったであろう。そこで『華厳経』では、「初発心時、便《すなわ》ち正覚を成ず」と主張したりする。この教証から、信が成満・決定して菩提心を発したときに、もはや仏と成るという、信満成仏の思想も語られるようになるのであった。

さらには、そうした大乗仏教の修道論を批判して、即身成仏を説く密教が登場したのである。

日本仏教における成仏

では、この成仏の時節について、日本仏教ではどのように考えられていたのであろうか。じつは顕教であるとしても、日本仏教では信満成仏等、いわば即身成仏を説く立場が少なくない。即身成仏は必ずしも密教の専売特許ではないのである。以下、日本仏教の世界での主な成仏観を見ていくこととする。

南都六宗の一つで、インド中観派の流れを汲む三論宗は、不生不滅・不常不断・不一不異・不来不出の八不中道を説くわけであるから、あらゆる二元対立的な分別を否定する立場に立つ。そこに「無得正観《むとくしょうかん》」（対象的に何も分別・認得するものがないところが、正しい観察である）を説くのである。したがって、修道論においても、次のような主張になる。凝然《ぎょうねん》の『八宗綱要』の説である。

一切衆生は本来是れ仏なり。六道の衆生は本と自《おの》ずから寂滅なり。迷無く、また悟無し。豈《あ》に成と不成とを論ぜんや。故に此の宗は、迷悟本と無く、湛然として寂滅なり。然れば仮名門の中に、迷悟と成不成とを論ずるのみ。此の義に由るが故に、成仏に遅有り、速有り。根に利鈍有るに由るが故なり。一念成覚は是れ短なり。三祇成仏は即ち長なり。……三祇を経るが故に万行積成し、一念に在るが故に仏果速疾なり。

（平川彰『八宗綱要』下、仏典講座三九下、大蔵出版、一九八一年、五三四頁）

以上によれば、衆生ももともと仏なのであり、ゆえに成仏に関して遅い者は三大阿僧祇劫を経ることもありうるが速い者は一念（一刹那）のうちに成仏することもありうるとしていて、即身成仏を認めていると言って差し支えないであろう。結局、三論宗では、次のような見方に立つのだという。

故に此の宗の意は、覚体は本有なり、迷うが故に生死有り。迷を返して源に還り、但だ客塵を払う時に本有の覚体、宛爾《おんに》として顕わる。此れを名づけて始覚の仏と為す。当に知るべし、迷に対するが故に悟を立て、悟に対して迷有り。悟発すれば則ち迷無し。迷無きが故に何の悟かあらん。迷無く、悟無し。迷悟本より無にして本来寂滅なり。迷悟・染浄は是れ仮名の施設《せせつ》なり。無得正観は即ち妙に至道を極む。（同前、五三四〜五三五頁）

この説明からすれば、じつに空思想に基づくがゆえに、本覚思想になるというわけである。三論宗は、インドで言えば中観派に相当するが、中観思想、般若空思想は意外と本覚と結びつくものなのである。

ちなみに、禅宗では、「勇猛の衆生は成仏一念にあり、懈怠《けたい》の衆生は涅槃三祇にわたる」と説く。たしかに坐禅の行によって、少なくともこの世のうちに見性の悟りを得ることはしばしばありえたことであろう。それは、初発心より一大阿僧祇劫を経て入るという十地の初地に相当するであろうか。だとすれば、この世の比較的短い時間にも、本来必要な一大阿僧祇劫を経てしまうことがありうることになる。ひいてはさらに、この世のうちでの成仏（妙覚）も可能なのかもしれない。しかし禅宗では、自分が四智円明のまばゆい存在になることよりも、悟後の修行としては悟り臭さを消していき、和光同塵《わこうどうじん》して灰頭土《かいとうど》面《めん》のはたらきをなすことを理想とするのであり、ここが禅宗の尊いところである。

限りなく即身成仏に近い華厳

一方、華厳宗の修行の見方を見てみよう。『華厳経』は、「初発心時、便成正覚」を説き、信が成満して発菩提心できたら、もう仏と同じだ（信満成仏）と説くのであった。たとえば、「初発心の時、便ち正覚を成ず。一切法真実の性を知って、慧身を具足し、他に由って悟らず」（「梵行品」、大正大蔵経第九巻、四四九頁下）とあるようである。

このことは、信が決定し、菩提心を発すれば、いつか必ず仏となることが約束されるから、というだけではないであろう。『華厳経』では、一入一切・一切入一、一即一切・一切即一を説き、重重無尽の縁起を説いていた。このことは空間的だけでなく、時間的にもそうであることを忘れてはならない。ゆえに仏の世界は、初発心の菩薩に浸透しているのであり、初発心の菩薩は仏の世界のなかにいるのである。そこで事実として、初発心の菩薩は即、仏なのである。ここから、本来、仏の身であるがゆえに、それを実現していくために、修行していくと見ることができよう。これを、「果上の法門」という。

なお、『華厳経』「入法界品」の末尾には、

此の法を聞いて歓喜し、信じて心に疑うこと無き者は、速やかに無上道を成じて、諸の如来と等しからん。（大正大蔵経第九巻、七八八頁上～下）

との偈も説かれている。無上道とは無上の覚りのことである。

ちなみに、「入法界品」においては、善財童子が五十三人の善知識を訪問、指導を受ける求道遍歴の旅によって、成仏を果たしたことが説かれている。何とこの一生の仏道において、成仏を果たしえたのである。ここから、華厳宗においては、三生成仏を説くのであった。すなわち、

見聞位《けんもん》
解行位《げぎょう》
証果海位《しょうかかい》

の三生によって成仏するというのである。もっとも、解行と証果は本来一つであるところ、あえて二つに分けて説いたのみであって、ほんとうは二生成仏だともいう。法相唯識の説にくらべ、華厳の修道論は、限りなく即身成仏に近いであろう。密教の曼荼羅思想の背景にも、この華厳の重重無尽の縁起の思想があるに違いない。

このように、じつは大乗仏教の各宗がすべて法相宗のように三大阿僧祇劫の時間をかけての成仏を説くわけではない。三論宗の立場はともかく、華厳宗では発菩提心から成仏までの修行を、ほぼ一生に見るのである。

火宅のなかの大白牛車――最澄

この影響もあってか、平安時代の天台宗においても、特に最澄は『法華経』によって現世のうちに成仏しうることを打ち出している。最澄は、『法華経』がもっとも深い真理を説くだけでなく、円教としての『法華経』の力によって、これに拠る者はたやすく成仏できるのだと考えた。もちろん最澄は、天台や密教の行によって、得道が可能だと考えてい

た。たとえば『守護国界章《しゆごこつかいしよう》』の文には、

今、四安楽の行、三の入と著と座との行、六牙白象《ろくげのびやくぞう》の観、六根懺悔《ろつこんさんげ》の法、般若の一行の観、般舟三昧の行、方等真言の行、観音の六字の句、遮那胎蔵等、是《かく》の如きの直道の教、其の数無量有り。今現に修行する者は、得道、数うべからず。（大正大蔵経第七四巻、一七七頁下）

と示されている。ここに出る「六牙白象観、般若一行観、般舟三昧行、方等真言行、観音六字句」は、事実上、天台智顗の『摩訶止観』に説かれる四種三昧のそれぞれの行に相当するものである。そこに「遮那胎蔵」という密教の行をも同等の行として併記されていることは興味深いことである。しかも『法華経』に説かれるごく基本的な菩薩の行である四《し》安楽行《あんらくぎよう》（心を柔和にし権力者等に近づかず一切法空を観じる。他者の欠点等を言挙げせず大乗のみを説く。相手を思いやり一切衆生に大悲のこころを起し平等に説法する。この経典を知らない者にもいつどこでもこの法に住せしむ。順に、身安楽行・口安楽行・意安楽行・誓願安楽行という。「安楽行品」第十四）や弘教者《ぐきよう》の三軌（入と著と座の三つの行。如来の室〔大慈悲心〕に入り、如来の衣〔柔和忍辱の心〕を著《き》、如来の座〔一切法空〕に坐して『法華経』を説く。「法師品」第十）などをそれらと同等と見ていることは、より特徴的だといえよう。
さらに『法華秀句』の終わりでは、『法華経』の力によって普賢の身を見ることができ、ひいてはかの円融三諦の大智を得ることができるとしている。このことに関わるのが、『普賢観経』の次の説である。

阿難よ、若し比丘・比丘尼・優婆塞《うばそく》・優婆夷《うばい》・天龍八部・一切衆生の、大乗を誦する者・大乗を修する者・大乗の意を発する者・普賢菩薩の色身を見んと楽《ねが》う者・多宝仏塔を見んと楽う者・釈迦牟尼及び分身の諸仏を見んと楽う者・六根清浄を得んと楽う者は、当《まさ》に是の観を学ぶべし。此の観の功徳は諸の障礙を除き、上妙の色を見る。三昧に入らず、但《た》だ誦持するが故に、専心に修習して、心心相次ぎて大乗を離れず、一日より三七日に至りて普賢を見ることを得。重障有る者は七七日尽きて、然る後に見ることを得。復た重有る者は一生に見ることを得、復た重有る者は二生に見ることを得。復た重有る者は三生に見ることを得。……（大正大蔵経第九巻、三八九頁以下）

すなわち、普賢菩薩の観法、実際はただ経典の受持・読誦をおこなえば、一日より三七日（三週間）ないし三生には普賢菩薩の色身ないし仏身等を見ることができるという。このことは、『法華経』の読誦等が即身成仏を可能とさせるということにもなる。実際、すでに『法華経』「提婆達多品《だいばだったぼん》」に八歳の龍女の即座の成仏の説があった。

こうして最澄においては、『法華経』の仏教について、「法華の意に約せば、而も火宅の内に於いて大白牛車《だいびやくごしや》に乗る。家の外に於いて大白牛車に乗らず、……自性清浄の三学を修持して、而も迂廻の道に留まらず、直に宝所に往き、仏果を得る」(『伝述一心戒文』巻上、大正大蔵経第七四巻、六四二頁中)と示されることになる。自性清浄の三学とは、絶えず自性清浄心すなわち仏性に裏打ちされながらの修行ということであろう。こうして、常に仏性のなかにあって、しかも優れた『法華経』の教えによって、遠回りせずに速やかに成仏を果たせるとするのである。

ここには、火宅から出ようとするのでなく、すでに火宅のただなかにおいて大白牛車に乗っており、救われているのだということも説かれている。この理解には、じつに深いものがある。たしかに『法華経』には久遠の仏の大悲がいま・ここの自己に常に届いているというメッセージが読み取れる。この、私は苦悩の深い娑婆世界にいるにもかかわらず、もうすでに大白牛車に乗っているという理解は、のちの道元も、良寛《りようかん》も説いている。ともかく、もとより大白牛車に乗っているという真実をふまえて、そのうえで『法華経』や密教に説く行を修することによって、当時、新興の密教が主張する即身成仏というとも、もとより『法華経』で可能であるとするのが、最澄の仏教なのである。それはじつに独創的な仏教であったと言ってよいであろう。

本尊とは本有の諸尊――日蓮

法華仏教の関連で、次に日蓮の主著『観心本尊抄《かんじんほんぞんしょう》』を見ることにしよう。この書物は詳しくは『如来滅後五五百歳始観心本尊抄《にょらいめつごごごひゃくさいしかんじんほんぞんしょう》』という。日蓮にとっては、「観心」こそが仏道の究極なのであるが、この書物は、釈尊が亡くなって五つ目の五百年間、つまり仏滅後二千〜二千五百年という、まさに末法の時代における観心とはどのようなものかを明かしたものである。

日蓮はこの書において、観心とは何かについて、次のように述べている。

観心とは、我が己心を観じて十法界を見る、これを観心と云うなり。譬えば、他人の六根を見るといえども、いまだ自面の六根を見ざれば、自具の六根を知らず、明鑑に向かふの時、始めて自具の六根を見るがごとし。たとい諸経の中に、所々に六道並びに四聖を載すといえども、法華経並びに天台大師所述の摩訶止観等の明鏡を見ざれば、自具の十界・百界千如・一念三千を知らざるなり。(『日蓮聖人全集』第二巻、春秋

社、一九九六年、二三一頁）

すなわち観心とは、自己の心に地獄界から仏界までの十界が具わっていること、ひいては自己の一念に三千が具わっていることを見ることだという。このことは、『法華経』や『摩訶止観』を鏡とするとき、初めて見ることができるという。

この「一念三千」は、天台宗の最高の教理と言われているものである。根本に十界互具ということがあり、それは、地獄・餓鬼・畜生・修羅・人間・天上・声聞・縁覚・菩薩・仏が相互に具えあっていることを意味するものであった（ゆえに百界がある）。また一界には、衆生世間《しゅじょうせけん》・国土《こくど》世間・五陰《ごおん》世間の三世間があり、その各々に十如是があると考えられる（三十如是）。十如是とは、『法華経』「方便品」に出る、「唯だ仏と仏とのみ乃ち能く諸法実相を究尽したまえり。所謂、諸法如是相・如是性・如是体・如是力・如是作・如是因・如是縁・如是果・如是報・如是本末究竟等なり」の十の如是のことである。こうして、百界に三十如是があるので、三千という数字が出てくる。その三千が一念に具わっているというのが、一念三千である。

この一念三千のもっとも重要な意味は、自心に仏・菩薩等が具わっているということである。しかも、『法華経』本門によれば、真の仏とは久遠実成の釈迦牟尼仏なのであった。こうして、自心に具わる十界ないし三千は、本門の久遠仏の立場から解されるべきだということになる。したがって、自己の心のなかの釈尊は久遠実成の釈迦牟尼仏であり、自己の心のなかの諸菩薩も、その釈尊の眷属《けんぞく》の、大地より湧き出でた、上行・無辺行・浄行・安立行等を筆頭とする無数の菩薩だということになる。また国土も、じつは常住の浄土ということにもなる。こうして、久遠以来の諸仏・諸菩薩やその国土は、もとより己心中に具わっていたのである。結局、次のような次第となる。

> その本尊の為体《ていたらく》、本師の娑婆の上に、宝塔空に居《こ》し、塔中《たっちゅう》の妙法蓮華経の左右に、釈迦牟尼仏、多宝仏。釈尊の脇士《きょうじ》は上行等の四菩薩。文殊、弥勒等の四菩薩は、眷属として末座に居し、迹化《しゃっけ》・他方の大小の諸菩薩は、万民の大地に処して雲閣月卿《げっけい》を見るがごとし。十方の諸仏は、大地の上に処したまう。迹仏《しゃくぶつ》、迹土を表する故なり。（同前、二六三頁）

この「本尊」とは、自己に「本有の諸尊」と見るのがよいであろう。これを図顕したものが、南無妙法蓮華経を中心に置き、左右に釈迦牟尼仏と多宝仏の名を配し、周りに諸尊等の名を記した、日蓮による図顕の曼荼羅である。したがって、それは単なる対象的存在なのではなく、自心の本来のあり方（己心本有の諸尊）を表現したものなのである。この思想は、密教にひじょうに近いものである。

このとき、この本門の肝心である妙法蓮華経の五字こそが、末法の世の人びとの観心のために用意されたのだと日蓮は説く。本来、観心は、『法華経』や『摩訶止観』の説を鏡に、自己のなかに久遠仏に基づく三千が具足していることを見ることであった。しかしこのことは、末代幼稚の者にとっては、容易ではないとされる。そこで、「一念三千を識らざる者には、仏大慈悲を起こし、五字の内にこの珠を裹《つつ》み、末代幼稚の頸に懸けさしめたまう」のだという。また、まさに末法の混乱した世にこそ、「この時、地涌の菩薩、始めて世に出現し、ただ妙法蓮華経の五字を以て幼稚に服せしむ」ともある。その意味は、

釈尊の因行・果徳の二法は妙法蓮華経の五字に具足す。我等この五字を受持すれば、自然《じねん》に彼の因果の功徳を譲り与えたもう。（同前、二五八頁）

に知られよう。すなわち、妙法蓮華経の題目に、久遠の本仏の因果（修行に基づく仏果）の功徳が具足されており、これを受持する、すなわち唱えれば（唱題行）、その久遠仏の仏果の功徳等が自然にこの自己に実現するのだ、というのである。

このように易行にほかならない唱題が末代幼稚の者にとっての観心なのであって、それを行ずれば自然に自心の本仏等を見ることができ、自身、仏になれるのだというわけである。それは、この世のうちにも実現しうることと考えられていたのであった。

この「事行の南無妙法蓮華経の五字、並びに本門の本尊」は、天台智顗ではまだ明らかでなかったと日蓮は言う。日蓮には、自分がこのことを初めて明らかにしたという自負もあったことであろう。なお、日蓮の立場に、「以信代慧《いしんだいえ》」(信をもって慧に代える)というものもある。題目への信は、仏の覚りの智慧そのものにほかならないという主張であろう。

往生即成仏――親鸞

さらに興味深いことに、日本仏教においては、浄土教、特に親鸞の仏道においても、意外にも即身成仏に近い思想が説かれている。一般に浄土教は、自らの機根《きこん》(宗教的資質・能力)の劣悪なることを自覚した者が、念仏して、阿弥陀仏の本願に随って、極楽浄土に往生させていただき、そこで阿弥陀仏にまみえながら修行して成仏を果たす仏教である。しかし親鸞は、『無量寿経』巻下冒頭の次の句、

十方恒沙《じっぽうごうしゃ》の諸仏如来は、みなともに無量寿仏の威神功徳の不可思議なるを讃歎したま

ふ。あらゆる衆生、その名号を聞きて、信心歓喜せんこと乃至一念せん。至心に廻向したまへり。かの国に生れんと願《がん》ずれば、すなはち往生を得《え》、不退転に住せん。ただ五逆と正法を誹謗するものとをば除く。（『浄土真宗聖典 ―― 註釈版』、浄土真宗本願寺派、一九八八年、四一頁）

に拠って、諸仏が阿弥陀仏の救いを讃える声を聞いて（第十七願）、信心が決定すれば（第十八願）、即往生すること（が決定すること）を得て不退転の位に入り、往生成仏が定まった正定聚《しょうじょうじゅ》の仲間入りをするのだという。そこで決定する信心とは、如来のこの私を救うという一心を頂くことにほかならず、すなわち如来より賜りたる信心である。それは如来の我々を想う純粋無垢の一心であり、壊することのない金剛心である。親鸞は、金剛心を頂くということは、成仏の一歩手前の金剛無間道＝等覚《とうがく》に入ることとみなす。また、『無量寿経』と『無量寿如来会』との対比により、正定聚に住することは、正等覚＝等覚を得ることにほかならないとする。こうして、信心を得たものは弥勒（一生補処の位にある。すなわち等覚の位にある）と同じ位に上るとするのである。この趣旨を、親鸞は『教行信証』に、次のように述べている。

まことに知んぬ、弥勒大士は等覚の金剛心を窮むるがゆゑに、竜華三会《りゅうげさんね》の暁、まさに無上覚位を極むべし。念仏の衆生は横超《おうちょう》の金剛心を窮むるがゆゑに、臨終一念の夕べ、大般《だいはつ》涅槃を超証す。ゆゑに便同《べんどう》といふなり。しかのみならず金剛心を獲《う》るものは、すなはち韋提《いだい》と等しく、すなはち喜・悟・信の忍を獲得《ぎゃくとく》すべし。これすなはち往《おう》相回向《そうえこう》の真心徹到するがゆゑに、不可思議の本誓によるがゆゑなり。（同前、二六四頁）

これを「弥勒便同」という。こうして、親鸞にあっては、信心決定により、この世のうちでは弥勒と同じ位に上り、死ぬと実際に極楽浄土に往生してただちに成仏するということになる。すなわち往生即成仏なのである。

ただしここまで決定しているのであれば、もはや信心成就のときに如来と等しいと言ってもおかしくはないであろう。実際、親鸞は弥勒便同のみならず、「如来等同」さえも説く。かの『華厳経』「入法界品」の末後の偈、「此の法を聞いて歓喜し、信じて心に疑うこと無き者は、速やかに無上道を成じて、諸の如来と等しからん」を、「この法を聞きて信心を歓喜して、疑いなきものはすみやかに無上道を成《な》らん。もろもろの如来と等し」（同前、二三七頁参照）と読んで、この説を唱えるのである。これらの思想において、信と証とは一つになったといえよう。こうして親鸞においても、かなり「即身成仏」に近い思想を展開するのであった。

この世のうちに阿弥陀仏となる――一遍

これが一遍の浄土教になると、南無阿弥陀仏と名号を称えるただなかで、機法一体となり、阿弥陀仏そのものとなるという。往生即成仏をさらに進めて、まさにこの世のうちに阿弥陀仏となるのである。じつに浄土教から即身成仏の思想を導き出しているのであった。一遍の語録（『播州法語集《ばんしゅうほうごしゅう》』）から、その辺の言葉をいくつか引いてみよう。

南無とは十方衆生の機、阿弥陀とは法なり、仏とは能覚の人なり。六字をしばらく機・法・覚の三字に開して、終に三重が一体となるなり。然ば、名号の外に能帰の衆生もなく、所帰の法もなく、能覚の人もなきなり。是則《これすなわち》、自力他力を絶し、機法を絶する所を、南無阿弥陀仏といへり。……いかにも機法を立て迷悟《めいご》をおかば病薬対治の法にして、真実至極の法体《ほったい》にあらず。迷悟機法を絶し、自力他力のうせたるを、不可思議の名号とはいふなり。（橘俊道・梅谷繁樹『一遍上人全集』、春秋社、二〇〇一年新装版、一五九～一六〇頁）

今、他力不思議の名号は、自受用の智也。故に、仏の自説といへり。随自意といふ心なり。自受用と云は、水の水をのみ、火が火をやき、松はまつ、竹はたけ、其体おのれなりにして生死なし。然《しかる》に、衆生、我執の一念にまよひしより以来、常没《じようもつ》の凡夫たり。爰《ここ》に、弥陀の本願他力の名号に帰しぬれば、生死なき本分に帰るなり。是を、「努力翻迷還本家《ぬりきほんめいげんほんげ》（努《つと》力めて迷を翻して、本家に還る）」といふなり。名号に帰せざるより外は、争《いかで》か我と本分本家に帰るべき。然に、能帰といふは、南無なり、十方衆生なり。是則命濁中夭の命なり。然《しかる》を、常住不滅の無量寿に帰しぬれば、我執の迷情を削て、能帰所帰一体にして、生死本無なるすがたを、六字の南無阿弥陀仏と成せり。
（同前、一七三〜一七四頁）

西園寺殿の御妹の准后の御法名を一阿弥陀仏と付奉る、此御尋に付て御返事

此事は申入候ひしにたがはず、此体に生死無常の理を思ひ知て、南無阿弥陀仏と一度正直に帰命しつる一念の後は、我われにあらず、心も南無阿弥陀仏の御心、身の振舞も南無阿弥陀仏の御《おん》振舞、言《ことば》も阿弥陀仏の御言葉なれば、生《いき》たる命も阿弥陀仏の御命、死ぬるいのちも阿弥陀仏の御命なり。然ば、昔の十悪・五逆ながら請取《うけとり》て、今の一念・十念に滅し給ふありがたき慈悲の本願に帰しぬれば、弥《いよいよ》三界六道の果報もよ

しなく覚え、善悪二つながら業因物うくして、只仏智よりはからひあてられたる南無阿弥陀仏に帰命するなり。

仏こそ命と身とのぬしなれや　わがわれならぬこゝろふるまひ（同前、一九四～一九五頁）

以上のように一遍にあっては、この世において、名号を称えるなかで、その場において阿弥陀仏そのものとなって生きていくことになるのである。このことは、即身成仏以外のなにものでもないであろう。一遍は踊念仏を創始したことで有名である。それは、機法一体となった（阿弥陀仏と一体となった）歓喜の、おのずからの現れであったであろう。

以上、釈尊および日本仏教を中心として大乗仏教各宗の修道論を覗いてみたが、特に日本仏教においては、法相宗を除いて、むしろいずれの宗派も即身成仏に通じる思想を有していることが知られたであろう。大乗仏教はすべて三大阿僧祇劫の修行を要すると説いているわけではない。そう見るのは、イメージによったのみで、大乗仏教思想の実情を的確に承知したうえでのものではない。

日本仏教では、ほとんどどの宗派でも即身成仏的な思想を説いていたことは、日本人の国民性の影響によるものなのであろうか。あるいはまさに「即身成仏」を主張する密教が導入されたことの影響によるものなのであろうか。ここで、密教の説く「即身成仏」とはどのようなことであるのかを了解していくべきであるが、それは次章以降において、空海の思想をある程度理解したのちに、ひいては『即身成仏義』を読んでいくことを通じて究明していくことにしよう。

第四章　空海の密教思想

顕教と密教の違い

さて、空海の即身成仏思想を尋ねる前に、空海の密教思想をひととおり理解しておこうと思う。そこで本章では、空海の主な著作にその基本的な教えを見ておく。まず、密教とは何か、である。

空海は密教と顕教に関して『弁顕密二教論』を著して、その差異について克明に説明している。その冒頭には、次のように示されている。

> 夫《そ》れ仏に三身有り、教は則ち二種なり。応化《おうけ》の開説《かいせつ》したもうをば名づけて顕教《けんぎょう》と曰う。言《ことば》は顕略にして機に逗《かな》えり。法仏《ほうぶつ》の談話《だんかい》したもうをば、之を密蔵と謂う。言《ことば》は秘奥の実説なり。……（定本第三巻、七五頁）

三身とは、仏身の三つの見方を示すもので、法身・報身・化身のことである。この三身については前にも触れたが、真如・法性とも変わらない仏の本性を法身といい、自性身ともいう。報身は修行によって報われた身のことで、智慧そのもの（四智）をいい、受用身ともいう。その際、仏として完成した功徳を自らに受用しているところが自受用身、他者に受用せしめるところが他受用身と呼ばれる。化身は人びとの感覚に現れた仏身のことで、変化身ともいう。この化身を応身《おうじん》という場合もある。そこで、応化の開説とは、ほぼ我々の眼に見える仏、いわば地上に降り立った釈尊の開かれた説法のことになる。

機というのは説法・教化の対象としての衆生のことで、対機説法や機根などの語もある。顕教はわかりやすい言葉で語られており、しかも相手の理解能力に応じて真理の開示度を調整した説法となっているという。このことを、方便の教えというわけである。

一方、法仏すなわち法身仏が直接、語った教えが密教の経典だという。それは、真理そのものを語るものであると同時に、しかしその表面的な意味のみでは理解が困難な言葉で語られているという。それは、暗号で語られていたり、一つの文字、一つの言葉等が一義的でなく、多重的な意味を持つ仕方で語られていたりするためである。

こうして、いわば顕教は歴史上の釈尊による相手に応じた説法、密教は大日如来が相手を配慮することなく究極の真理を語った説法ということになる。したがって、その説法(経典)の言葉も、そのまま理解できるものと、表面的のみでは理解できないものとの区別があるという。ここに、顕教と密教の基本的な違いを見るべきである。

『弁顕密二教論』は、このことをもう少し詳しく、次のようにも説いている。

若し秘蔵金剛頂経の説に拠らば、如来の変化身《へんげしん》は、地前の菩薩及び二乗凡夫《にじようぼんぷ》等の為に三乗の教法《きようぼう》を説きたもう。他受用身《たじゆゆうしん》は、地上の菩薩の為に顕の一乗等を説きたもう。並びに是れ顕教なり。
自性《じしよう》・受用《じゆゆう》の仏は、自受法楽《じじゆほうらく》の故に、自眷属《じけんぞく》と与《とも》に各々三密門を説きたもう。之を密教と謂う。此の三密門とは、謂わゆる如来の内証智《ないしようち》の境界なり。等覚《とうがく》・十地も室に入ること能わず。何《いか》に況《いわん》や二乗・凡夫をや。誰か堂に昇ることを得ん。（同前）

地前とか地上とかいうのは、大乗菩薩の修行の階梯に、十信・十住・十行・十廻向・十地・等覚・妙覚（五十二位）とあるなか、その十地より前が地前、十地以上が地上である。十地の初地において、無分別智を開くなど、一つの覚りを得るが、その後もなお修行を重ねて仏となるわけである。二乗とは、声聞乗・縁覚乗の、いわゆる小乗仏教徒のための教え。三乗とは、これに大乗仏教の菩薩乗を加えたものである。歴史上の釈尊は、声聞乗・縁覚乗・菩薩乗の三乗の教えを説き、他受用身は菩薩で十地以上にいる修行者（覚りを開いて後、さらに修行している者たち。聖者）のために一乗の教えを説くが、これらはすべて顕教であるという。

自性身と自受用身は、法楽を自ら受用するために、まわりの諸尊とともにそれぞれが三密門を説法するという。この三密門とは、大日如来の身・語・意三方面にわたる大悲のはたらきをいうものであろう。この世界は、大乗仏教のどんなに高位の菩薩（十地・等覚）でもうかがい知れないという。

こうして、顕教と密教との違いは、ほぼ次のように整理することができよう。

顕教　歴史上の釈尊の説法で、相手に応じた方便の教え。言葉はふつうの意味どおり。

密教　絶対者としての仏の説法で、真実のままの教え。一字・一語が多彩な意味を持つ。

十住心の思想

次に空海の主著としては、『秘密曼荼羅十住心論』がある。これはかなり大部のものであり、これを簡略にしたものが『秘蔵宝鑰《ひぞうほうやく》』である。いずれも「十住心」思想を説いている。十住心思想とは、人間の心のありようを十に分けて説明し、同時にそれぞれのあり方に対し種々の学派・宗派の思想を対応させて、それらの思想的立場をも組織体系化したものであり、空海独自の教相判釈を示すものでもある。今、その概要を『秘蔵宝鑰』の序の部分に掲げられた詩に基づいて紹介してみよう。

第一　異生羝羊心《いしょうていようしん》
凡夫狂酔して　吾が非を悟らず　但し婬食《いんじき》を念《おも》うこと　彼の羝羊の如し

第二　愚童持斎心《ぐどうじさいしん》（儒教）
外の因縁に由《よ》って　忽《たちま》ちに節食《せつじき》を思う　施心萌動《ほうどう》して　穀《こく》の縁に遇うが如し

第三　嬰童無畏心《ようどうむいしん》（婆羅門教）
外道天に生じて　暫《しばら》く蘇息を得《う》　彼の嬰児と　犢子《とくし》との母に随うが如し

第四　唯蘊無我心《ゆいうんむがしん》（声聞乗）
唯し法有を解《げ》して　我人皆遮す　羊車の三蔵　悉く此の句に摂す

第五　抜業因種心《ばつごういんじゅしん》（縁覚乗）
身を十二に修して　無明種《しゅ》を抜く　業生《ごっしょう》已《すで》に除いて　無言《むごん》に果を得たり

第六　他縁大乗心《たえんだいじょうしん》（法相宗）
無縁に悲を起して　大悲初めて発《おこ》る　幻影《げんよう》に心を観じて　唯識に境を遮す

第七　覚心不生心《かくしんふしょうしん》（三論宗）
八不《はっぷ》に戯《け》を絶ち　一念に空《くう》を観ず　心原空寂にして　無相安楽なり

第八　如実一道心《にょじついちどうしん》（天台宗）
一如《いちにょ》本浄にして　境智倶《とも》に融ぜり　此の心性を知るを　号して遮那《しゃな》と曰う

第九　極無《ごくむ》自性心《じしょうしん》（華厳宗）

水は自性無し　風に遇《お》うて即ち波たつ　法界は極に非ず　警《いましめ》を蒙《こうむ》って忽ちに進む

第十　秘密荘厳心《ひみつしょうごんしん》（真言宗）

顕薬は塵《ちり》を払い　真言は庫《くら》を開いて　秘宝忽ちに陳して　万徳《まんどく》即ち証す（定本第三巻、一一六～一一七頁）

まず、第一の異生羝羊心は、ただ食事やセックスのことしか考えていない心のあり方である。もっぱら本能のままに生きるのみで、人間であるにもかかわらず、動物とも変わらない状態といえよう。なお異生は凡夫、羝羊は雄羊のことである。

第二の愚童持斎心とは、日ごろの自己の生き方を反省し、社会のために役立つ人間になりたいと思い立つような心のあり方である。古代インドの仏教では、在家の者でも月に何回かお寺に行って、心静かにそれまでの間の自己の行為について反省するという行事もあった。持斎とはそのことを意味している。このとき、人間らしい心が自覚されるのも、お坊さん（教師）に出会ったり、本を読んだりという縁によるものだが、それも本来、自己にそうした心を有していたからにほかならないであろう。しかし菩薩として仏道修行するような人から見れば、まだまだ愚かな少年にほかならない。

第三の嬰童無畏心とは、人生はこの世だけではない、来世もあり、どこに生まれるかはこの世で善を多くなしたか悪を多くなしたかで決まると聞いて、ひたすら善根を積んで、首尾よく楽の多い天上に生まれ、安らいでいる心のあり方をいうものである。そのことが、赤ちゃんや牛の子が、お母さんに寄りそってすっかり安心しているさまで描写されている。しかしこの安穏も、積んだ善業の効果がなくなってしまったら、その後は失われる可能性、大である。つまり、また天界から下落してしまうなど、いまだ生死輪廻の苦しみから完全に解脱できたわけではない。ゆえにこの安らぎもしばらくのあいだにすぎない、とされている。そこで、さらに先に進んでいかなければならないわけである。以後、仏教の世界となっていく。

声聞・縁覚の心

第四の唯蘊無我心は、小乗仏教の声聞のあり方で、基本は五蘊無我を理解して我執を離れ、生死輪廻から解脱して涅槃を実現しようとする立場である。五蘊無我とは、個体の身心を構成する諸要素（色・受・想・行・識）はあるが、常・一・主・宰の我はないということであるが、その諸要素はさらに詳しく、説一切有部では、五位七十五法として提示した。この「我空法有」の立場は、小乗仏教の代表的な立場とみなされるものである。

第五の抜業因種心は、同じく小乗仏教の縁覚（独覚ともいう）のあり方であり、十二縁起の教え（無明→行→識→名色→六処→触→受→愛→取→有→生→老死）を学んで、生死輪廻の苦しみの根本原因となる無明を対治すべく修行して、涅槃を実現していくものである。ゆえに、「業の因となる種を抜く心」ということになる。声聞も同じことであるが、縁覚もまた利他の活動をせず、ただ自己の苦しみが滅した涅槃に入って満足してしまう。

大乗仏教の諸住心

こうした自己満足のみのあり方を批判して乗り越えようとしたのが大乗仏教である。次の住心からは大乗仏教になるが、第六の他縁大乗心の名はまさにそのことを表している。この段階から、どんな人にも差別無く愛する心（大悲）が起きてくるのである。

その第六住心は、唯識（法相宗）の立場であり、自己や世界の現象を現し出す心（八識およびそれらにともなわれる心所有法）はあるが、常住の本体を持つ我も法も存在しないと了解し、我執・法執を断じていく修行をして最終的には仏（自利利他円満の存在）となるものである。ただし、その修行には、長遠の時間（三大阿僧祇劫）がかかるのであった。

第七の覚心不生心とは、三論宗に相当し、インドの龍樹以来の思想に相当するあり方である。龍樹は『中論』に八不（不生不滅・不常不断・不一不異・不来不出）の戯論寂滅の世界を究極の真理の世界（勝義諦）として示したが、心の不生を覚してまさにその言語、分別を一切、否定した世界に入るのであり、そこでは前の唯識の識も否定しつくされるのである。

第八の如実一道心（＝一道無為心）とは、その絶対否定のただなかがそのまま絶対肯定の世界であることを意味するものである。前の絶対否定の世界はけっして虚無の世界なのではなく、平等一味にして本来清浄なる根源的な仏のいのちの世界にほかならないことを明かすものとなっている。一道も無為もその世界を意味している。この住心は天台宗にあてられている。

しかしこうした、ただ本性のみの世界が真に究極なのではない。いわば絶対の世界も無自性であるがゆえに、現象界に展開していくことになる。そこにこそ究極の世界を見るのが、第九の極無自性心であり、これは華厳宗の立場である。絶対否定（第七）を経て絶対肯定（第八）に一転し、さらに現象世界によみがえる（第九）というわけであるが、その現象世界は一入一切・一切入一、一即一切・一切即一の、あるいは重重無尽の、事事無礙法界ともいうべき世界であることが了解されるのである。

秘密荘厳心の内証の世界

こうして、最後に密教の第十・秘密荘厳心がおかれている。華厳宗は「因分可説・果分不可説」といって、海印三昧《かいいんざんまい》にある毘盧遮那仏の内証の世界は説けないとするが、この密教ではその世界も説けるとし、さらには法身説法ということを主張するのであった。その世界を図示すればあの金剛界・胎蔵界の曼荼羅のような世界とされるわけである。また、この世界をこの身において体証しうる勝れた行法があるとして、月輪観《がちりんかん》、阿字観《あじかん》、三密行、五相成身観《ごそうじょうじんかん》等が紹介される。ただしこれらの行法の詳細は、実際に信頼しうる師について学ばなければわからないものである。

参考までに、『秘蔵宝鑰』における第十・秘密荘厳心を謳う詩には、次のようにある。


九種の住心は自性無し、転深《てんじん》転妙なれども皆な是れ因なり。

真言密教は法身の説、秘密金剛は最勝の真なり。

五相五智法界体なり、四曼《しまん》四印《しいん》、此の心に陳《ちん》ず。

刹塵《せつじん》の渤駄《ぼつだ》は吾が心の仏なり、海滴の金蓮《こんれん》は亦た我が身なり。

一一の字門、万象を含み、一一の刀金、皆な神を現ず。

万徳の自性は輪円して足れり、一生の得証は荘厳の仁なり。（定本第三巻、一六七～一六八頁）

この詩の意味を簡単に解説すると、まず密教以下の九種の住心は、次第に深まって、すべて密教への因となる。真言密教こそが究極の仏の教えであり、最も優れていて真実そのものである。

五相すなわち五相成身観に現じる五つの相（私は五仏の身相もよいと思うが）と、五智すなわち法界体性智・大円鏡智・平等性智・妙観察智・成所作智は、自己の本性でもありかつ世界の本性でもあり、法曼荼羅・大曼荼羅・三昧耶曼荼羅・羯磨曼荼羅の四種の曼荼羅（＝身・語・意の三密）と、その認得（印）とは、法界の体を根底とする自己の心において発揮される。大曼荼羅に見るような、莫大な数（刹塵《せつじん》）の諸仏（渤駄）は、自己の心のなかに存在している。無数（海滴）の金剛部・蓮華部の諸尊も、自己そのものである。

法曼荼羅に見る十一の母音・子音も、それぞれあらゆる事象を表し、三昧耶曼荼羅に見る諸仏諸尊の持ち物は他者を救済する優れたはたらきを展開している。ありとあらゆる徳性のすべては自己に具わっているのであり、密教によりこの一生で仏となれば、そのそれらすべてによって飾られている仏そのものと実現するのである。

四種曼荼羅と三密の関係については、たとえば本書の二四〇頁以降を参照されたい。ここで、「刹塵の渤駄は吾が心の仏なり、海滴の金蓮《こんれん》は亦た我が身なり」とあるのは、国土

（刹）を塵にすりつぶした、その塵の数ほど莫大な数の仏らも我が心であり、海の水をしずくにして数えたその莫大な数の金剛薩埵《こんごうさつた》らも我が身であるということである。ここで心と身の語が使い分けられているものの、その違いはあまり意味がないであろう。要は、無数の諸仏・諸尊が自己そのものであると明かしている。

この詩には、秘密荘厳心の内証の世界の風景が描かれているのである。

以上、空海の十住心の思想をごく簡単に概観した。この説を聞けば、当然、十住心は第一から第十まで低い段階から高い段階へ、浅い段階から深い段階へと組織されていると思うであろう。たしかにそうした面は否定しえない。元来、秘密ということは、低い段階にとって高い段階にあるものに対し言われるとも空海は説くのであるが、密教が密教である所以は、顕教全体に対してさらに高い立場にあるとの主張がこめられたものであろう。しかし密教では、これらはすべて密教の行者の心に現れてくる諸相であるとしたり、さらにはそれぞれの立場で絶対であると見たりすることになる。そうした深秘釈という解釈もあり、この場合の立場は、九顕十密と言われる。その究極においては、どの住心においても、その一門において大日如来全体の徳（大日如来普門の徳）の開示が実現すると見るのである。一方、前述のただ密教は顕教よりも優れているとのみ見る立場は、九顕一密ということになる。

ともあれ、空海の思想には、このようにスケールの大きな比較思想の体系があったのであり、日本にも偉大な哲学者が存在したのであった。

空海の密教に特徴的な思想

今、顕教と密教の比較を説く空海の著作のごく一端を覗いてみたが、では空海は、密教そのものの世界をどのように明かしているのであろうか。空海の著作には、他に、『即身成仏義』『声字実相義』『吽字義』等々がある。これらを通貫して密教独自の主張と言えるものを抽出してみると、たとえば即身成仏はもとより、法身説法、果分可説、象徴的言語哲学、曼荼羅的世界観等を挙げることができるのではないかと考える。以下、ごく簡単にではあるものの、空海が明かす密教そのものの世界観等についてまとめておきたい。

空海によれば、顕教は歴史上の釈尊の説法によるものであるが、密教は絶対者ともいうべき法身仏である大日如来が、真実そのものを直接、私たちに語りかけてくださったものなのであった。ゆえに凡夫には容易に知られるものでもなく、その意味で秘密の教えということになる。このことは、すでに見た『弁顕密二教論』に詳しく説明されていた。

この法身仏が説法するという背景には、果分可説の立場がある。顕教の華厳宗では、仏の世界については語りえない、しかしそこに至る道筋については語ることができると、

「因分可説、果分不可説」ということを唱えた。密教はこれに対し、「果分可説」と唱えるのである。空海はこの果分可説という言葉について、仏果の世界についても説けるということだけでなく、仏果を成満した仏は説法するということも意味すると受け止めている。こうして、法身説法は密教にとってごく当然のことなのであった。

一つの単語が無限の意味を有する

とはいえ、言語の日常的な用法で、仏果のような深い真理の世界は説けないにちがいない。密教が果分可説を唱える背景には、独自の言語観、独自の言語運用がある。一般に一つの単語は一つの意味に対応している。言語は、一義的に規定されている単語の配列により、意味を明確にする。しかし密教では、一つの単語が無限の意味を有していると見る。単語だけでなく、それ以前の母音・子音もまた、それぞれ無限の意味を担っているとするのである。そうした見方をふまえて言語を運用することによって、普通の言語では説きえない仏果の世界も説けるとし、またそうした言葉でもって説法するのであった。

つまり、一つの文字や単語が一義的でなく、途方もなく多義的であることを前提にして、日常言語に基づく世界の了解に大きな揺らぎを持ち込み、さらにはその一義的執見、固定的了解を打破して、存在の本来の実相を露《あらわ》にしようというのである。

あらゆる母音・子音が、それ自身の意味を有し、それもけっして一義的でなく、多義的であることについて、たとえば『秘蔵宝鑰』の第十・秘密荘厳心のなかにある阿字観の説明においては、阿字が本不生《ほんぷしょう》および菩提心・菩提行・証菩提・般涅槃・具足方便智と多彩な意味を有していることが示されている。サンスクリットにおいては、阿は否定の接頭辞として用いられることがしばしばであるが、その否定の意味だけでなく、むしろ多くの積極的な意味も持っているとされるのである。

あるいは空海には『吽字義』という著作があるが、そこでは、吽（ギリシア語のアルファベットで言えばオメガに相当する）＝haum の字が、さらに訶・阿・汙・麼の字に分析され、そのおのおのの字に関して、その字義がおびただしいほど多彩に示されている。こうして、阿字のみならず、およそすべての母音・子音のおのおのが多彩、無限な意味を表しているとされるのである。

そういう言語観に基づく密教の言葉は、日常言語と同じ意味を表すのでなく、じつは表層には隠れている深く豊饒な意味を表すものなのであり、その意味ではいわば言語を暗号において使用していると言える。密教の教えは、暗号すなわち密号によって語られているのであり、だからこそ密教なのである。

現象世界の全体は法身である

ちなみに、『声字実相義』のなか、「声・字・実相の体義を釈す頌」には、つぎのようにある。

五大に皆な響《ひびき》有り、十界に言語《ごんご》を具す、
六塵に悉く文字あり、法身は是れ実相なり。（定本第三巻、三八頁）

地・水・火・風・空の五つの物質的元素には、音響があるという。音響のあるところ、意味を表す作用も成立し、言語が存在することになるであろう。とすれば、地獄・餓鬼・畜生・修羅・人間・天上・声聞・縁覚・菩薩・仏の十の世界にそれぞれ、その物質的環境世界がある以上は、おのおのの言語があることになる。聴覚の対象である声境の響（音響）に意味を表す作用があるだけでなく、他の感覚対象、色、香り等にもさまざまな差異があれば、それぞれが意味を表すことになろう。こうして、色・声・香・味・触・法の六塵、感覚・知覚の対象のすべては、意味を表すべき言語そのものでありうるのである。なお、「法身は是れ実相なり」とは、そうした六塵、つまり現象世界の全体（実相）は法身である（実相は法身である）ということのようである。このことは、後に触れる、この世界がそのまま仏国土にほかならないという思想につながっている。

仏身論と五智

ではそうした、言語の独特の運用により語るべき果分の世界、すなわち仏果の世界（仏の内証の世界）は、どのような世界なのであろうか。

まず空海密教の仏身論を見ておこう。それは伝統的な三身論でなく、四身論が採用されている。通常の三身、自性身・受用身・変化身のほかに、等流身《とうるしん》を立てて四身とするのである。自性身・受用身は、大乗仏教のそれとほぼ同等である。受用身に、自受用身と他受用身とを区別することも同様である。変化身は、歴史上の釈尊のように、一定期間、一定の場所に姿・かたちを取って現れた仏である。一方、等流身は、相手と同等の姿・かたちを取りつつ、一時的に現れて衆生救済の事業をなす仏身である。この仏身は、その目的が達成されれば、消えていくことになる。以上をまとめて四種法身ともいう。

なお、空海の密教では、仏智に関して、前にも見たように、四智ではなく五智を説く。大円鏡智・平等性智・妙観察智・成所作智の四智は大乗仏教と一緒で、さらにそれらの根本に法界体性智なる智慧を説くのである。また、この五智を、五仏に相当させ、法界体性智は大日如来とする。後に見る『大日経』に基づく胎蔵界と『金剛頂経』に基づく金剛界（本書一三四〜一三七頁参照）とで、五仏の名称は左のように若干、異なっているが、両者は同体であるとみなされている。

	金剛界	胎蔵界		
東	阿閦《あしゅく》如来	宝幢如来	大円鏡智	発心
南	宝生如来	開敷華王如来	平等性智	修行
西	阿弥陀如来	阿弥陀如来	妙観察智	証菩提
北	不空成就如来	天鼓雷音如来	成所作智	入涅槃
中央	大日如来	大日如来	法界体性智	究竟方便

一般に大乗仏教においては、一人の仏に、四智が具わっており、おのおのの仏がおのおの四智円明なのであった。では密教では、大日如来は法界体性智のみ、阿弥陀仏は妙観察智のみと、各仏は一つの智慧しか体現せず、その総体で一個の仏となるのであろうか。ここに、私としては解りにくいものを感じるのであるが、おそらく密教の世界においてはふつう一仏一智と考えられているのであろう。しかし仏と称される者が、一つの智慧しか有していないというのは、やや不自然であり、各仏が五智円明ではあるが、特に発揮してい

る特色に合わせて五智を五仏に対応させているまでであり、実際には五仏おのおの五智円明であり、のみならずそういう五智を具えたあらゆる他者、無数の他者の総体が一個の仏の内容でもある、と見るのがよろしいのではないであろうか。もしもそうでなければ、五仏でもってはじめて一仏であると見ることになる。

なお、法身説法という観点からは、五智の全体が、自性身および自受用身として、説法するという立場になるのであろう。密教の教えを説く仏は、必ず自性身と自受用身（およびその眷属）との総体であり、法身説法という以上、自性身（法界体性智）を除いて考えるわけにはいくまい。一方、他受用身・変化身の説法は、顕教に準じて受け止めればよい。

こうして、密教における成仏とは簡単に言えば、五智を実現し、四種法身を成就することと、ひとまず言うことができる。

自己の根源の姿としての曼荼羅

さらに空海の密教では、一個の仏は、五仏のみを内容としているのではない。じつはむしろ諸仏諸尊までもがその一個の仏の内容でもある。仏の内証の世界は、いわゆる曼荼羅世界なのである。このことは、すでに『秘蔵宝鑰』の秘密荘厳心の説明に出る詩において、明らかにされていた。また、何よりも、空海の主著『秘密曼荼羅十住心論』の第十・秘密荘厳心の冒頭に明らかである。

秘密荘厳住心と言っぱ、即ち是れ究竟《くきよう》じて自心の源底を覚知し、実の如く自身の数量を証悟するなり。謂わゆる胎蔵海会《かいえ》の曼荼羅、金剛界会の曼荼羅、金剛頂十八会の曼荼羅と是れなり。是《か》くの如くの曼荼羅に、各各に四種曼荼羅・四智印等有り。四種と言っぱ、摩訶《まか》と三昧耶《さんまや》と達磨《だるま》と羯磨《かつま》と是れなり。是の如くの四種曼荼羅、其の数無量なり。刹塵《せつじん》も喩《ゆ》に非ず、海滴も何ぞ比せん。（定本第二巻、三〇七頁）

自心の源底は、曼荼羅世界そのものであり、この源底を覚知するのが秘密荘厳心すなわち真言密教の世界なのである。そのように曼荼羅は、自己の外の宇宙の姿なのではない。自己の根源の姿なのである。『御請来目録』には、「密蔵深玄にして、翰墨《かんぼく》に載せ難し。更に図画を仮《か》りて悟らざるに開示す。種々の威儀、種々の印契《いんげい》、大悲より出でて一睹《いっと》に成仏す」（定本第一巻、三一頁）とあるが、それは、自心の源底を図画に見せたものというべきであろう。

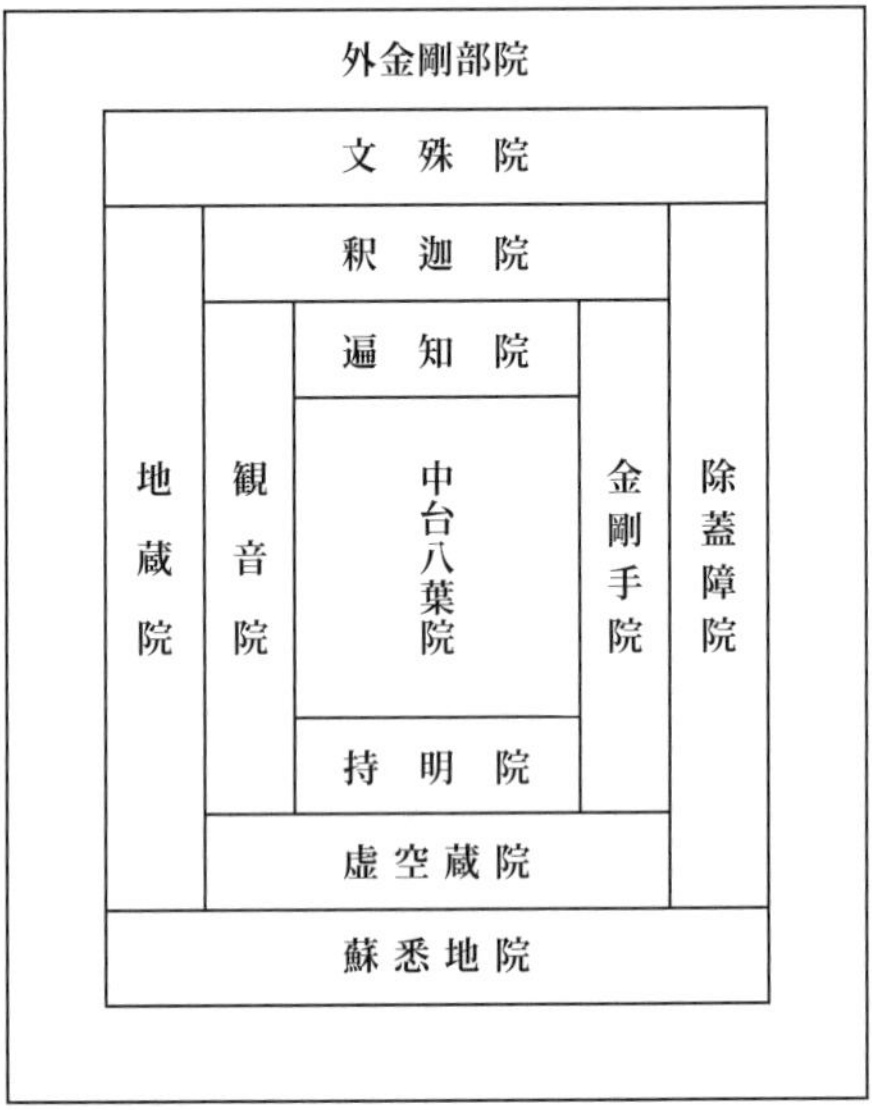

胎蔵界曼荼羅

金剛界と胎蔵界

曼荼羅とは本来、「輪円具《りんねんぐ》足《そく》」（すべての集合）ということで、諸仏諸尊の全集合ということがその原意なのであるが、それを絵図に表現したものとして、空海の真言宗の場合、金剛界と胎蔵界の両界曼荼羅の二つが並べて掲げられることは、よく知られている。もともとインドにおいては、密教の根本聖典である『金剛頂経』と『大日経』とは別々の系統であり、両者の統合的理解は中国において、不空による翻訳ないし撰述に基づくようであるが、やがて恵果—空海によって、金胎両部の体系的な密教理解が組織されるのであった。胎蔵界は『大日経』に基づき、金剛界は『金剛頂経』に基づく。前者は理を表し、後者

四印会 ⑤	一印会 ⑥	理趣会 ⑦
供養会 ④	成身会 ①	降三世会 ⑧
微細会 ③	三昧耶会 ②	降三世三昧耶会 ⑨

金剛界曼荼羅

は智を表すという。理というのは、一切の存在の本性のことであり、あらゆる存在の根源である。一方、智とは、世界を判断しイノベートする根源と言えよう。よって、胎蔵界は母性的、金剛界は父性的という性格を持つことにもなる。合わせて両性具有の円満な姿を表すことにもなろう。

胎蔵界曼荼羅＝理法身の大日如来
金剛界曼荼羅＝智法身の大日如来

この二つの曼荼羅の中央部分には、それぞれの五仏が説かれている。その様子は本書一三四～一三五頁の図のようである。そこに見るとおり、この二つの曼荼羅の絵図の様式ないし画面の構造は、根本的に異なっている。胎蔵界曼荼羅では、中心から周辺に向かって上下左右に長方形が三層ほど広がっていく構造であり、図のように十二の部分から成り立っている。中央に中台八葉院があり、その外側の東南西北（上右下左）に、釈迦院・観音院・地蔵院等、各院が囲んでいる。そこに描かれる諸仏諸尊は四百あまりいて、全員が異なっている。一方、金剛界曼荼羅では、全体が九つに区切られ、それぞれに円と四角等で位置を定めつつ諸尊を描く。中央は成身会であり、九つの会の一つ一つに五仏等が姿を変えたりしながらくりかえし現れる構造になっている。特に成身会は、方位的には、東南西北が下左上右という位置になる。

胎蔵界曼荼羅と金剛界曼荼羅とには、このような差異があるのだが、いずれにしても、これらは秘密荘厳心、ないし自心の源底を図に表したものなのである。

自己即曼荼羅を自覚・体現

この世界こそが、密教の「密」(秘密)の内容なのである。というのも、空海は『弁顕密二教論』の最後に二種類の秘密があると述べているのだが、その一つは「衆生秘密」、もう一つは「如来秘密」であって、「衆生秘密」とは、衆生は無明・煩悩のために、本来、自己に存在している仏の曼荼羅世界(内証の世界)を知りえないでいること、「如来秘密」とは、相手に応じた方便の説においては、如来は自己の内証の世界をあえて隠して説かないことである。したがって結局、究極の秘密の内容は、如来の内証の世界そのものということになるわけである。

こうして、密教において成仏するということは、胎蔵界曼荼羅・金剛界曼荼羅の絵図に表されたような諸仏諸尊が自己に具わっていることを自覚することにほかならない。内証の世界とは、自己即曼荼羅を自覚・体現することなのであり、そのことが実現した時、曼茶羅世界ごと説法したり、三密加持したりして、衆生救済に励むことになるということである。ここに密教の仏の自利利他円満の世界の表現がある。

身心の個体と環境世界

ところで、仏とは必ず仏国土においてある存在である。我々凡夫も、その境界にふさわしい国土（器世間）においてある。身心の個体と環境世界は必ずセットとしてあるのである。この時、自己の心の源底に多数多彩の諸仏諸尊が存在しているということは、そこに諸仏諸尊の仏国土等も存在しているということにならざるをえないであろう。

このことに関して、『声字実相義』には、次の説明がある。たとえば視覚の対象（色塵）を六塵の代表として取り上げると、色《いろ》（顕色）と形（形色）と動き（表色）の三種が語られ、そのいずれも十界（地獄・餓鬼・畜生・修羅・人間・天上・声聞・縁覚・菩薩・仏）それぞれの身体（正報）と環境（依報）に具わっている。それらには、「法然と随縁《ずいえん》とに有り」と、もとより成就しているものと、縁により現成しているものとがあるという（定本第三巻、四一頁）。

この、「法然と随縁とに有り」の句に注目すべきである。環境世界に関しても、本来、すでに仏国土としてある世界と、他の菩薩・凡夫等に生きるがゆえにその境界にふさわしい環境が現成している場合とがあるというのである。その解説には、つぎのようにある。興味深いところなので、あえて長く引用する。

法然随縁有《ほうねんずいえんう》とは、上の顕形等の色の如きは、或いは法然《ほうねん》の所成《しょじょう》なり。謂《いわ》く、法仏の依《え》正《しょう》是れなり。大日経に曰く、爾の時に大日世尊、等至三昧に入りて、即時に諸仏の国土、地平なること掌《たなごころ》の如し。五宝をもて間錯《けんざく》し、八功徳水芬馥盈満《はっくどくすいふんぷくようまん》せり。無量の衆鳥《しゅちょう》あり、鴛鴦鵞鵠《えんおうがこう》は、和雅《わげ》の音を出し、時華、雑樹《ぞうじゅ》敷栄し間列し、無量の楽器、自然《じねん》に韻に諧《かな》う。其の声微妙《みみょう》にして人に楽聞せらる。無量の菩薩の随福所感の宮室殿堂、意生の座あり。如来の信解願力の所生の法界標幟《ひょうじ》の大蓮華王を出現せり。如来の法界性身《ほっかいしょうしん》、其の中に安住せり、と。

此の文《もん》は現に何の義をか顕す。謂く、二義有り。一には法仏法爾《ほうに》の身土を明す。謂く、法界性身、法界標幟の故に。二には随縁顕現を明す。謂く、菩薩の随福所感及び如来の信解願力所生の故に。謂く、大日尊とは梵には摩《ま》訶《か》毘《び》盧《る》遮那《しゃな》仏陀《ぶつだ》と云う。大毘盧遮那仏とは是れ乃ち法身如来なり。法身の依正は則ち法爾所成なり。故に法然有という。（定本第三巻、四六〜四七頁）

ここで空海は、『大日経』を引用しながら、まず、法爾所成・法然有の仏国土があるのだと示している。その様子は、ほぼ浄土三部経に説かれる極楽浄土と似たものであるが、特に「大蓮華王」としても表現されていることは、『華厳経』の蓮華蔵世界を想起させる。いずれにせよ、法爾・法然ということは、我々が住んでいるこの娑婆世界も、結局、本来は大日如来の浄土であり、じつは仏国土そのものであるというのである。

草木の本性は仏

『吽字義』にも、自然世界は本来、浄土であることが説かれている。次の句には、この世界のすべては仏そのものであることがはっきりと説かれている。

> 常遍の本仏は、損せず虧《き》せず、汙字の実義なり。汝等応《まさ》に知るべし、水の外に波無し、心内即ち境なり。草木に仏無くんば、波に則ち湿《うるおい》無けん。彼れに有って此れに無くんば、権に非ずして誰ぞ。有《う》を遮《しゃ》し無を立す、是れ損、是れ減なり。損減の利斧《りふ》は、常に仏性を斫《くだ》く。然りと雖も本仏は、損も無く減も無し。三諦円渉して、十世無《む》礙《げ》なり。三種の世間は、皆な是れ仏体なり。四種の曼荼《まんだ》は、即ち是れ真仏なり。汙字の実義も、応に是くの如く学すべし。（定本第三巻、六三頁）

このように、草木に仏があるというのである。それは、草木の本性は仏そのものだということであろう。草木のみでなく、三種世間もみな仏体であるという。三種世間には、天台にいう衆生世間・国土世間・五陰世間と、華厳にいう智正覚世間・器世間・衆生世間とがあるが、密教の思想的系譜を考えれば、華厳に説かれる三世間なのであろう。いずれにせよ、個体（身・心）と環境のすべては仏を本体としているというのである。

『吽字義』には、他にも同様の説を見ることができる。麼字に関しては、「法身の三密は繊芥《せんかい》に入れども迮《せま》からず、大虚に亘《わた》れども寛《ひろ》からず。瓦石草木を簡《えら》ばず、人天《にんでん》鬼畜を択《えら》ばず。何れの処にか遍ぜざる、何物をか摂せざらん。故に等持と名づく。……」（同前、六五〜六六頁）などとある。こうして、瓦石も仏を体としているのである。つまり、この環境世界も仏国土そのものであるのが実情なのである。じつに「草木国土、悉皆成仏」である。この句の意味は、「草木国土も悉皆、未来に成仏する」というのではない、「草木国土も悉皆、すでに成仏している」という思想と受け止めるべきものである。日本天台宗に現れたこの句の思想と同様のものを、すでに空海は表明していたのであった。

人間は本来、仏である。その自己は本来、仏国土のなかにいて、その仏国土には、諸仏諸尊の法然の仏国土が（唯識ゆえに）融け合っており、他のあらゆる衆生等の器世間もそこに融けこんでいるのである。我々が見る、身像と印契を主体とした曼荼羅絵図のなかには、じつはそうした、自己とあらゆる他者の国土（器世間）の重層的な融合が背景にあることを想うべきであろう。

密教の修道論

では、こうした本来の仏世界を自覚するには、どうすればよいのであろうか。密教が大乗仏教を批判的に見た最大の問題は、その修道論にあるのであった。大乗仏教の修行では、いつまでも成仏を果たすことはできないというのである。そこで密教が用意した修行方法は、阿字観、月輪観、五相成身観等であり、また三密加持の行法であった。禅のように無念無想を旨とするのではなく、イメージを使用しての独自の観法を用いるのである。こうした密教独自の修行（事相）は、正しい師について修めるのでなければ、その奥義は知られないのが実情である。

ただし、ここに、三密行や阿字観、五相成身観等の大体について、ごく簡略にではあるが見ておこう。まず三密行は、三密加持とも言われ、身体に印を結び、口に真言を唱え、心は三昧に住することであることはよく知られていよう。これを修するとき、大日如来の三密（如来の身・語・意の三方面の行為）と一体となり、即身成仏するという。

次に、阿字観とは、梵語の阿の字を蓮の花の上に書いたものを前にし、その阿字の内実

を観想する修行である。『秘蔵宝鑰』では、

八葉の白蓮《びゃくれん》一肘《いっちゅう》の間に、阿字の素光の色を炳現《へいげん》す。
禅智倶《とも》に金剛縛に入れて、如来の寂静智《じゃくじょうち》を召入す。（定本第三巻、一七一頁）

の詩によって、その方法がわずかに示されている。一肘とは、肘から指先までの長さのことで、およそ四十五センチか。そのくらいの大きさで、蓮の花の上に阿の梵字を書いたものを用意する。これを観想していくと、素光、つまり白光が明らかに現れるという。禅智というのは、ここでは禅定と智慧のことではなく、それを象徴する左手の親指と右手の親指のことである。この二つの指を中心に金剛縛という印相を結んで阿字観を修すれば、仏の智慧を実現するというのである。もちろんその実際は、師について学ぶべきである。

五相成身観

次に、五相成身観とは、『秘蔵宝鑰』に「一にはこれ通達心、二にはこれ成菩提心、三にはこれ金剛心、四にはこれ金剛身、五にはこれ無上菩提を証して金剛堅固の身を獲るなり」（定本第三巻、一七二頁）とある、その五段階の観法である。ここに修行で得る境涯が、

心から身へと移行していることは興味深い。禅宗ではよく即心是仏というが、密教ではまさに即身成仏なのである。この五相成身観について、勝又俊教は『弘法大師著作全集』において、『秘蔵宝鑰』に出るそれに対し次のように注を施している。

通達心　通達菩提心ともいい、行者の心中に本来、自性清浄心を具有することを観ずる位で、軽霧の中にある月輪を観想する。
成菩提心　修菩提心ともいい、離垢清浄の菩提心を観ずる行で、雲のはれた秋の夜の満月輪を観ずる。
金剛心　成金剛心ともいい、自性清浄心の中に金剛堅固の仏智を確立する観行で、月輪の中に五智を表す五股金剛杵等を観ずる。
金剛身　証金剛身ともいい、仏智がそのまま仏身であるとなす観行で、五股金剛杵をそのまま自身と観ずる。
金剛堅固身　仏身円満ともいう。（『弘法大師著作全集』第一巻、山喜房佛書林、一九六八年、二〇三頁）

また、小田慈舟は、「五相成身の観は何れの位も印真言を結誦して観想を凝らすのであるが、第一第二は本尊の種子を心中に観じ、第三第四は三昧耶形を観じ、第五は尊形を観ずる」と明かしている（小田慈舟『十巻章講説』上巻、高野山出版社、一九八四年〈以下、小田〉、二七頁）。これまた師について実際に修行してみなくては何もわかりえないであろう。『秘蔵宝鑰』はこれらの修行（三摩地法）について、「能《よ》く諸仏の自性に達し、諸仏の法身を悟り、法界体性智《ほっかいたいしょうち》を証して、大毗盧《だいびる》舎那《しゃな》仏《ぶつ》の自性身・受用身・変化身・等流身を成ず」（定本第三巻、一七三頁）と言っている。

攘災招福の意味

ともあれ、密教は自らの行法をきわめて優れたものであるとして、この行法によることで、単に曠劫多生《こうごうたしょう》のあいだ、修行していく必要はないというだけでなく、まさにこの世のうちに成仏できるのだと主張する。いわゆる即身成仏の思想である。この即身成仏こそ、密教思想の核心にあるものである。その背景には、そもそも本来、仏であるという認識も当然ある。そのうえで、密教の修行によって、父母にいただいたこの身体を持つ自己において仏となることが実現するというのである。

密教の特質が即身成仏にあることについては、たとえば『秘蔵宝鑰』の第十住心、秘密荘厳心を謳う詩にも、「顕薬は塵を払い、真言は庫を開いて、秘宝忽ちに陳して、万徳即ち証す」（定本第三巻、一一七頁）とあった。さらに「一生の得証は荘厳の仁なり」ともあるのである。「荘厳の仁」とは、簡単に言えば、仏ということである。

空海の即身成仏思想については、後にまとめて見ることにしたい。

ここでは一つ、『性霊集』巻五の「本国の使いと共に帰らんと請う啓」に、「此の法は則ち仏の心、国の鎮めなり。氛《ふん》を攘《はら》い、祉《さいわい》を招くの摩尼《まに》、凡を脱《まぬか》れ聖に入るの嘘径なり」（定本第八巻、八六頁）とあることを取り上げておきたい。氛はわざわいのこと、摩尼は宝、嘘径は近道のことである。この文から、空海が受け継いだ真言密教の特質は、要は「攘災招福」と「即身成仏」とにあると言われるのであった。即身成仏は、成仏自体、仏教の最大の目標である。そこに宗教的な意味合いはじゅうぶんある。しかし攘災招福は、何やら現世利益めいていて、真に宗教的とは言いがたい印象もある。どうしてこのようなある意味では対極に位置するものが、密教では同居しているのであろうか。もっとも、今の「啓」の文によるに、あるいは攘災招福は国家レベルのことであって個人レベルのことではない、と見るべきかもしれない。

ところが、即身成仏と攘災招福が独り歩きすると、どちらも個人レベルのみのこととも受け止められやすい。それはおそらく狭い理解であるが、しかし個人レベルの攘災招福はありえないわけではないであろう。ではそれは、宗教的にどのような意味でありえようか。

このことについて、大乗仏教においては、修行していく際のいわば基礎体力として、福の資糧と智の資糧を貯えるということが言われている。六波羅蜜でいえば、布施・持戒・忍辱《にんにく》・精進・禅定の修習が福の資糧を増進し、智慧の修習が智の資糧を増蓄していく。大乗仏教の修行の成満には、智のみでなく福もまた必要だったのである。福の資糧は、仏の相好、三十二相・八十種好の荘厳を実現するという。もちろん、智の資糧は大円鏡智・平等性智・妙観察智・成所作智を生み出すものとなるであろう。攘災招福は、このように仏道上の招福とその障害の除去を意味していると理解すれば、即身成仏と矛盾なく受け止めることができる。つまり、それは単なる現世利益のことではない、ということである。六波羅蜜でいえば、智慧波羅蜜以外の他の五波羅蜜を推進する力を得ることである。

あるいは、大乗仏教でいえば、菩薩としても仏としても、利他行に専心することになる。その際、攘災招福があれば、円滑にその行を推進していくことができるであろう。自己の世間的な欲望を満たすためではなく、十全に他者に関わりうるためにこそ、攘災招福がある、という了解も適切のように思われる。

以上、法身説法、言語哲学、曼荼羅、娑婆即仏国土、三密加持、即身成仏等につい

て、触れてみた。他にも、密教独自の思想はいくつもあるであろう。そのことは、今後、『即身成仏義』を読んでいくなかでも、触れることができるかと思われる。以上をふまえて、次章には特に空海の即身成仏思想について、ひととおりまとめておこう。

第五章　空海の即身成仏思想

「即身成仏」の路なり——恵果

空海の密教の教義は、独創的でかつ豊かなものであったが、そのなかでも「即身成仏」は、空海の密教の核心をなすものなのであった。この「即身成仏」ということは、すでに第三章に見たように、じつは空海が顕教と呼ぶ大乗仏教においても、けっこう語られていた。では空海は、密教に基づく立場において、この「即身成仏」ということをどのように見ていたのであろうか。今、このことについて『即身成仏義』をひもといていく前に、あらかじめ把握しておきたい。

この「即身成仏」の語は、不空訳の『菩提心論』に出ており、空海もこれを『即身成仏義』に引用している。

また、恵果の師であった不空は、後の代宗（七二六〜七七九）の誕生に際して自ら訳した経典を進呈し、「其の訳する所の金剛頂瑜伽《こんごうちょうゆが》法門は、是れ成仏速疾の路なり。其を修行する者は、必ず能く頓に凡境を超えて彼岸に達す。余部の真言は、諸仏の方便なり。……」と述べている（『広付法伝』、定本第一巻、九二頁）。一方、こうした思想的状況を受けてのことであろう、空海の『広付法伝』に引かれる呉慇纂「大唐神都青龍寺東塔院灌頂国師恵果阿闍梨行状」には、恵果の言葉として「即身成仏」の語が見られる。「常に門人に謂て曰く、金剛界大悲胎蔵両部の大教は諸仏の秘蔵、即身成仏の路なり。普く願わくは法界に流伝して有情を度脱せむ」とあるようである（定本第一巻、一一一頁。『略付法伝』、同前、一三一頁も参照）。恵果は、師・不空の考え方を受け継ぎつつ、金剛界・胎蔵界の両者を統合した密教を創《はじ》めようとしていたことが推察される。

即身成仏思想という核心

この「即身成仏」が空海の思想の核心にあるものであることに関して、勝又俊教は、自ら編んだ『弘法大師著作全集』第一巻の『即身成仏義』の解説において、

弘法大師の思想の中核は何かと言えば、即身成仏思想だと断定して誤りがなかろう。それは大師が入唐求法中に、不空三蔵の思想および恵果阿闍梨の思想の基調が即身成仏にあることを記した文書をあつめて、のちに付法伝の中に収録しており、また自ら恵果阿闍梨を追弔する碑文の中にも、師の教えの中核が即身成仏にあったことを明らかにしている。さらに帰国に際して「本国の使に与えて共に帰らんと請う啓」の中にも、自ら学習した密教の特質を、攘災招福と即身成仏の二つとなしている。また帰国後早々に記した御請来目録の中にも、即身成仏が真言密教の特質であることを表

明している。さらにその後の多くの著作の中でしばしば即身成仏思想を強調しており、即身成仏思想の強調は大師の生涯を通じての一大思想運動であったと見ることができる。（勝又前掲書、五七六頁）

と述べている。すなわち、空海の即身成仏思想について、①『付法伝』、②恵果追悼碑文、③帰朝に際しての啓、④『御請来目録』、⑤その後の多くの著作、を挙げてその証としているわけである。そこで今、これらについて確認してみよう。

初めに、たしかに『広付法伝』には、前に見たように、恵果の教えのなかに即身成仏の語があり、不空にもその趣旨が見えた。なお、同書の不空伝のなかには、遷化に際しての文中に、「夫《そ》の真言字義の憲度、灌頂升壇《しょうだん》の軌《き》迹《せき》を稽《かんがう》るに、則時成仏の速なる応声、儲《ちょ》祉《し》の妙、天麗且《ま》た地に祢《みて》り、普くしてしかも深し。……」と、「則時成仏」の語もある（定本第一巻、一〇二頁）。

次に恵果阿闍梨を顕彰する空海の碑文、「大唐神都青龍寺の故《こ》三朝の国師灌頂阿闍梨恵果和尚之碑」には、「法の最なるは密蔵に如《し》かず、牛羊《ごよう》に策《むちう》ちて道に趣くときは久しくして始めて到る。神通に駕して以て跋渉《ばつしょう》するときは、労せずして至る。諸乗と密蔵と、豈に同日にして論ずることを得んや。仏法の心髄、要妙、斯《ここ》に在るか」とあり（『性霊集』巻

二、定本第八巻、三四～三五頁）、これも密教が即身成仏の道であることを物語っていよう。
第三に「本国の使いと共に帰らんと請う啓」によるに、前にも引用したように、「此の法は則ち仏の心、国の鎮めなり。氛を攘い、祉を招くの摩尼、凡を脱れ聖に入るの嘘径なり」とあって（『性霊集』巻五、定本第八巻、八六頁）、このことから、空海が恵果から受け継いだ密教の核心は、攘災招福と即身成仏にあると言われている。

『御請来目録』については、空海が自ら受け継いだ法に関して、「斯の法は則ち諸仏の肝心、成仏の径路なり」とあり（定本第一巻、三頁）、また「又《ま》た夫《そ》れ顕教は則ち三大の遠劫《おんごう》を談じ、密蔵は則ち十六の大生を期す。遅速勝劣、猶お神通と跛驢《はろ》との如し」とある（同前、一八～一九頁）。ここで「十六の大生を期す」とは、要は成仏することなのである（本書一八九頁参照）。跛驢とは、足の悪いロバのことで、顕教の成仏はとうてい遅いことを表している。

さらにこの末尾には、「一心の利刀を翫《もてあそ》ぶは顕教なり、三密の金剛を揮《ふる》うは密蔵なり。心を顕教に遊ばしむれば、三僧祇《さんそうぎ》眇焉《びょうえん》たり。身を密蔵に持すれば、十六生甚だ促《ちか》し。頓の中の頓は、密蔵之《これ》に当れり」の句を見ることができる（定本第一巻、三九頁）。

最後に、その他の著作等についていえば、次のような事情にある。まず、『弁顕密二教論』は、『菩提心論』の「惟真言法の中にのみ即身成仏するが故に、これ三摩地の法を説く」の文を引用するほか、『金剛頂五秘密経』の、顕教では三大無数劫かかる成仏が、密教では現生に成仏できることを説く段を引用している。

『般若心経秘鍵』には、「真言は不思議なり、観誦《かんじゅ》すれば無明《むみょう》を除く、一字に千里を含み、即身に法如を証す」とある（定本第三巻、一一頁）。『大日経開題』の「大毘盧遮那」（で始まるもの）には、「四種法身の恒沙《ごうしゃ》の徳、即身に自ら得。夫の身命を曠劫《こうごう》に捨てて対治を悠途《ゆうと》に修するもの、豈《あ》に同日にして論ずることを得んや。……」とある（定本第四巻、三二頁）。

さらに『秘密曼荼羅十住心論』においても、序文に、「牛羊《ごよう》等の車は紆曲《うきょく》に逐《したがっ》て、而も徐《ようや》く進んで、必ず三大無数劫《むしゅごう》を経《ふ》。神通の宝輅《ほうろ》は虚空を凌《しの》いで而も速やかに飛んで、一生の間に必ず所詣《しょけい》に到る」（定本第二巻、五頁）、「……則ち大日所乗の一体速疾神通の宝輅を許して、具《つぶさ》に灌頂の職位を授け、刹塵無尽の荘厳宝蔵を受用せしむ」（同前、七頁）とある。

『秘蔵宝鑰』でも、『菩提心論』の、「もし人、仏慧《ぶって》を求めて、菩提心に通達すれば、父《ぶ》母所生《もしょしょう》の身に、速《すみや》かに大覚の位を証す」の偈も引用するほか、「顕薬は塵を払い、真言は庫を開いて、秘宝忽ちに陳して、万徳即ち証す」（定本第三巻、一一七頁）、「万徳の自性は輪円して足れり、一生の得証は荘厳の仁なり」（同前、一六八頁）等とあった。

加えて、たとえばいわゆる「勧縁疏」（「諸の有縁の衆を勧め奉りて応に秘密の法蔵合して三十五巻を写し奉るべし」）には、「此の法門に結縁して書写し読誦し、説の如く修行し、理の如く思惟せば、則ち三僧祇を経ずして父母所生の身をもて十地の位を超越して、速やかに心仏に証入せん」とある（『性霊集』巻九、定本第八巻、一七六頁）。

こうして空海においては、即身成仏がその教えのもっとも中核的な思想にほかならないと言ってまちがいないであろう。

「即身成仏頌」は誰が作ったのか

そのように空海にとって重要な思想である「即身成仏」について、空海は『即身成仏義』を著している。本書では、これからこの『即身成仏義』を解読していくなかで、空海の思想の深みを理解しようとするのであるが、じつは、『即身成仏義』には、空海著として流布しているものと、それ以外の種々の異本が存在している。これら種々の異本のすべては、真作とは認めがたいとされている。しかし問題は、そもそもまさに空海作として流布している『即身成仏義』自体が、真に空海の作なのかどうかであろう。このことにも古来、疑義が示されてきたからである。この問題に今、深く立ち入ることはできないが、以下、その論点を簡単にまとめておこう。

この問題を検討するにあたり、まず、『即身成仏義』の中心をなす「即身成仏頌」の作者についての議論を見ておく。その「六大無礙常瑜伽」に始まるこの二つの頌（八句）（本書一六七頁参照）は、はたして空海の作なのであろうか。

たとえば空海は五大（地大・水大・火大・風大・空大）については説いたが、六大（五大＋識大）は説かなかったという議論がある。このことは、『即身成仏義』が真撰でないとする意見の一つの大きな理由にもなっている。しかし、空海の詩文を集めた『性霊集』巻八には、六大に言及する次のような文章を見ることができる。

亡弟子智泉が為の達嚫の文

……

仰ぎ願わくは、金剛海会三十七尊・大悲胎蔵・四種曼荼羅、入我我入の加持の故に、六大無礙瑜伽の故に、塵数の眷属と、無来にして来り、海滴の分身と、不摂にして摂したまへ。五智本有の殿を開き、九尊性蓮《くそんしようれん》の宮を授けん。法界を都として以って帝と称し、刹塵に遍して而も民を撫でん。有情の所摂、無明の所持、同じくこの理を悟って速やかに自覚を証せん。（定本第八巻、一四〇～一四一頁）

高野山萬燈会の願文

……

仰ぎ願わくは、斯の光業に藉って自他を抜済せん。無明の他、忽ちに自明に帰し、本覚の自、乍《たちま》ちに他身を奪わん。無尽の荘厳、大日の慧光を放ちて、刹塵の智印、朗月の定照を発《ひら》かん。六大の遍ずる所、五智の含ずる攸《ところ》、排虚、沈地、流水、遊林、惣《すべ》て是れ我が四恩なり、同じく共に一覚に入らしめん。

天長九年八月二十二日　（同前、一五八～一五九頁）

天長九年は、八三二年である。これらが空海の真撰であるかぎり、空海に六大思想はなかったとは言えないはずである。したがって、このことだけをもって空海の作でないとは言い切れないにちがいない。

のみならず、この「即身成仏頌」そのものが、七本ある『大日経開題』のなか、「法界浄心」に始まるものと、「関以受自楽」に始まるものに置かれているという事実もある。その際、この頌の前には次のような文章があって、この頌につなげられている。

阿等の六字は法界の体性なり。四種法身と十界の依正《えしょう》とは皆な是れ所造の相なり。六字は則ち能造《のうぞう》の体なり。能造の阿等は法界に遍じて相応し、所造《しょぞう》の依正は帝網《たいもう》に比して無礙なり。此も往《ゆ》かず彼も来らずと雖も、然れども猶《な》お法爾瑜伽《ほうにゆが》の故に、能所無くして而も能所なり。（定本第四巻、八頁）

阿等の六字は法界の体性なり。四種法身と十界の依正とは皆な是れ所造の相なり。六字は則ち能造の体なり。能造の阿等は法界に遍じて而も相応し、所造の依正は帝網《たいもう》に比して而も無礙なり。此も往《ゆ》かず彼も来らずと雖も、然れども猶し法爾瑜伽《ほうにゆが》の故に、能所無くして而も能所あり。（同前、六一頁）

この内容は、六大を法界体性としていること、それを能造とし、四種法身と十界の依正（依報と正報。環境と身心の個体）とを所造としていること等において、後に見るように『即身成仏義』の思想内容ともまったく合致している。この『大日経開題』にも偽作説はあるようだが、定本の解説には、特にこのことは言及されず、いずれも真撰と見ているようである。これらが空海の真撰であれば、「即身成仏頌」もおそらく空海のものと認めてよいのであろう。

『即身成仏義』全体の作者

では、「即身成仏頌」のみでない、本文も含めた『即身成仏義』全体の作者は誰なのであろうか。

『即身成仏義』が引用する『金剛頂経《こんごうちょうきょう》一字頂輪王《いちじちょうりんおう》瑜伽《ゆが》一切時処《いっさいじしょ》念誦成仏《ねんじゅじょうぶつ》儀軌《ぎき》』は、慈覚・智証両大師の将来したもので、これを引用する『即身成仏義』は空海作ではありえないとの見方もある。これに対しては、この儀軌は空海が特に尊重し秘惜して『御請来目録』に載せなかったのであり、空海もじつは将来していたのだという反論がある。その真偽は不明であるが、このことが事実であれば問題ないことになる。こうしたものは、「録外の請来」と言われ、いくつかあったようである。頼富本宏は『大日経』等についてだが、『御請来目録』に載せると、同時に朝廷に提出しなければならず、提出後、国有化されることを恐れて大切なもの、常用するものは目録からはずして手元に置こうとしたとも考えられるとしている（頼富、六五〜六六頁）。

空海の『声字実相義』には、「五大の義とは即身義の中に釈するが如し」（定本第三巻、三九頁。三八頁も参照）とある。この記述は少なくとも空海の著作に『即身成仏義』があったことを物語るものであろう。

また、承和二年（八三五）正月二十二日の「真言宗三業度人」の官符に、大日業（胎蔵業）の者は『即身成仏義』を習うべきことを定めており、当時すでに東密の重要作と認められていたわけである。少なくともその時期には、空海に『即身成仏義』の著作があったことになろう。ちなみに、金剛頂業の者は『四種曼荼羅義』等を、声明業の者は『声字実相義』等を学ぶべきとされた。

なお、天台の安然《あんねん》（八四一～九〇一～）の『教時義』四・『菩提心義』一に引く文が正本の『即身成仏義』であるという（定本第三巻解説、三七八頁）から、空海に近い時代に本書はすでにあったということになろう。

参考までに、弘仁年間のことであったと推定されている、かの清涼殿の宗論にちなんで、『即身成仏義』が構想・制作されたとの説もある。

勝又俊教は、「本書の著作年代は不明であるが、六大思想が大師の著作の中にしばしば述べられるのは天長の初年以後であるから、この点から見れば本書（『即身成仏義』）の著作もこの頃と見て、弘仁の末か天長の初年と推定される」と言っている（前掲『弘法大師著作全集』第一巻、五七七～五七八頁）。また、前に引用した文（本書一五一～一五二頁）につづけて、「本書はこのような大師の生涯を通じての即身成仏思想運動の展開の中にあって、即身成仏思想の組織化に努めたものであり、大師の思想の一大特質を示すものである」とも指摘している（同前、五七七頁）。

真筆の『即身成仏義』があれば、まちがいないであろうが、そういうものがない以上、何かと疑われるのも致し方ないことではある。高野山奥の院には、『即身成仏品』というものが蔵されている。これは、全体として『即身成仏義』に近いものである。鎌倉時代から空海の真筆と伝えられてきたが、『弘法大師全集』では、和田智満和尚がその梵漢の書風を察して、真雅の筆によるものとしたと伝えている（密教文化研究所『弘法大師全集』第一輯、同朋舎、一九七八年復刊、五二〇頁）。

しかし『定本弘法大師全集』の「解説」によれば、この『即身成仏品』は石山寺淳祐《じゅんにゅう》（八九〇〜九五三）の頃のものと推定している。いずれにしても、その書風は堂々たるものであり、これがもしも空海の真筆をもとにした写本だとすれば、『即身成仏義』が空海撰であることはまちがいないことになる。これらの僧らが、空海の思想を探索してまとめたものとの可能性もないではないが、その場合は、内容的に空海の作とみなしても差し支えないと思われる。

言うまでもなく、宗門では空海の作と認めている。上述のように、ややあやうい事情もないわけではないが、真作と認めるその要点を言えば、このような優れた著作の作者は、空海以外には考えられないというものである。小田は、上述のような種々の議論を点検した後、「即身義に説く六大無礙の頌は名作である。作者を弘法大師以外に求めるのは却って誤りであろう。六大説をたてるために引用した大日経の『我覚本不生』等の頌文や、金剛頂経の『諸法本不生』等の頌文の解釈は常人の思い及ばぬところである。釈摩訶衍論を一宗の所依と定められた高祖にして始めて釈し得る所であろう」（小田、八頁）と述べている。

このことは、決して説得力が希薄なのではなく、じゅうぶん根拠のある消去法の論証と言えよう。

参考までに、『定本弘法大師全集』第三巻の「解説」は、帰国時の大同元年（八〇六）から高野山開創の弘仁七年（八一六）までを、顕密の立場の相違をことさら明確に打ち出そうとした密教移植期、以後、東寺が空海に与えられた弘仁十四年（八二三）までは、密教の正統性を立証し、密教の思想的な立場を理論的に鮮明にすることに意を用いた教学確立期、天長・承和年間は密教宣布の完結期と示した。『即身成仏義』は『声字実相義』『吽字義』とともに、そのなかの第二期の作とみなしている。第一期の代表作は、『弁顕密二教論』、第三期の代表作は、『秘密曼荼羅十住心論』『般若心経秘鍵』『開題』類としている。この「解説」においても、『即身成仏義』が空海作であることについて、いささかの疑義も示されていない。

おそらく、「即身成仏頌」が誰の作なのか、また『即身成仏義』は誰の作なのか、については、積極的にそれを証する新資料が出現しないかぎり、結論は出ないことであろう。結局、ここに盛られた深い思想内容を描ける者は、空海以外にありえない、ということに落ち着かざるをえないことになる。たとえそれが空海の真撰でなかったとしても、古来、真言宗において空海作として伝えてくるに足る内容を具えたものであるとすれば、それは空海作として扱うことにとやかく言うべきではないであろう。そういう意味で、本書では、私もこれを空海の著作とみなし、そこに描かれている世界の意味を探求してみたいと思うのである。

『即身成仏義』を著した理由

空海は、『即身成仏義』をなぜ著したのであったろうか。このことは、古来、「造論の縁由」として語られている。このことについて、長谷寶秀『十巻章玄談』の「即身義玄談」には、次の五つの意を挙げている。

①青龍和尚の雅訓に応ぜんがためなり。
②諸宗の疑難を通ぜんがためなり。
③三業の実相を顕さんがためなり。

④自宗末徒の所学の書として備えんがためなり。
⑤六大縁起の深旨を顕さんがためなり。（長谷寶秀『十巻章玄談』、六大新報社、一九六四年、六～九頁）

これらに多少の説明を補えば、①の青龍和尚・恵果の雅訓とは、恵果が空海に早く日本に帰って即身成仏を説く密教を広めるようにと諭したというものである。このため、空海は二十年ほど滞在すべき留学生の身分をもかえりみず、二年ほどで日本に帰ってきたのであった。

②は、即身成仏ということに対し、諸宗の者が疑念を抱いたり非難したりするのにこたえるためという意味である。清涼殿の宗論の意味をここに求めることもできる。

③は、『声字実相義』は語業、『吽字義』は意業、『即身成仏義』は身業の実相を明かすためのものとして著されたというものである。たしかに、『弁顕密二教論』や『秘密曼荼羅十住心論』『秘蔵宝鑰』は、顕教と密教とを比較対照する要素が多分にあるが、この三書は密教だけの世界を論じている。そのなかで、身業の実相を顕そうとしたのが『即身成仏義』だというのである。しかし、この三書の三業への配当は、私はやや形式的なものにすぎないと思われる。

④は、門下で声明業、金剛頂業、大日業を修する者の、学ぶべきものを作っておく必要があったためということである。

⑤は、独自の六大説を展開するというだけではなく、四曼・三密等および即身成仏という真言宗独自の教義の深い内容を明かすための意でもあったであろう。

長谷寶秀は、これらをまとめて、「これを要するに、当書製造の起因、重々あるべしといえども、第五に云えるが如く、六大縁起の深旨を顕わし、即身成仏の実義を成ずるをもって本旨とす。しかも当書を作りてこの理を説く所以は、青龍和尚の雅訓に基づき(①)、三業の実相を顕わして(③)、末代門徒の所学に備えんがため(④)、兼ては顕教諸宗の疑難を通ぜんがため(②)なりと知るべし」と述べている(同前、九頁)。

たしかに、⑤が中心であろうが、私には、空海は「即身成仏」の語を通じて密教の人間観・世界観と修道論の理念のすべてを描き出そうとしたのであり、即身成仏の語がいかに甚深・広大な意味を含んでいるかを示して、顕教しか知らない人たちに密教の特色を伝えようとしたのだと思われるのである。

『即身成仏義』の内容について

『即身成仏義』は、まさに「即身成仏」について論じたもので、かつそこには三密加持の秘密のことも、曼荼羅的世界観の構造も簡潔に描いているものであり、空海の密教思想のかなりの部分が籠められたものである。むしろその究極は、「即身成仏」の語によせて曼荼羅的世界観を明かすことにあるのではないかと考える。

というのも、そもそも「即身成仏頌」にずばり「重重帝網のごとくなるを即身と名づく」とあって、「即身成仏」の「即身」とは、重重帝網のことだと明確に示しており、空海はこの立場から「即身成仏」を説明し、人間存在及び世界のありようを明かそうとしているからである。そのあたりのことは後に明かすとして、ここではひとまず『即身成仏義』という作品の概要のみ記しておこう。

『即身成仏義』では、その前半において、二経一論（『金剛頂経』『大日経』『菩提心論』）八箇の教証が示され、後半には「即身成仏頌」とその解説が置かれている。

その最初には、「問うて曰く、諸の経論の中に皆な三劫の成仏を説く。今、即身成仏の義を建立する、何の憑拠《ひょうこ》か有るや」とあるので、この「即身成仏」は、「三劫成仏」に対照的な概念として提示されていることになる。実際、ここで掲げられる教証のすべては、多大の時間をかけなくとも、現世のうちに成仏できることを説いたものとなっている。

そのなか、たとえば第三の教証では、「若し能く此の勝義に依って修すれば、現世に無上覚を成ずることを得」とある。総じて、現世に成仏できるという内容の文が多い。また、まさに「即身成仏」の語を出しているのは、『菩提心論』の、「真言法の中のみ即身成仏するが故に、是《ここ》に三摩地の法を説く。諸教中に於いて闕《けつ》して書せず」のみである。同時に、『菩提心論』からのもう一つの教証、「若し人仏《ぶって》慧を求めて、菩提心を通達するに、父母所生の身に、速に大覚の位を証す」は、その意を明確に示しているであろう。

後半には、「即身成仏頌」の提示とその詳しい解説がなされている。

まず、『即身成仏義』の核心となる「即身成仏頌」とは、以下の通りである。

六大無礙《むげ》にして常に瑜伽《ゆが》なり　**体**
四種曼荼《ししゅまんだ》　各《おのおの》離れず　**相**
三密加持《かじ》して速疾に顕《あらわ》る　**用**
重　重帝網《じゅうじゅうたいもう》のごとくなるを即身と名づく　**無礙諸仏**
法然に薩般若《さはんにゃ》を具足して　**法仏成仏**
心数心王刹塵《しんじゅしんおうせつじん》に過《ぐ》ぎたり　**無数**
各五智無際智を具して　**輪円**
円鏡力《えんきょうりき》の故に実覚智《じっかくち》なり　**申す所の此の四句は成仏の二字を明かす**

（定本第三巻、一八～一九頁）

今、とにかくその意味内容をこの頌の言句どおりに現代語によって訳してみよう。ただし、これこそ字相であって、まったく表面的な訳出であり、じつはここにはより深い意義が豊かに籠められていることをあらかじめご承知おきいただきたい。

地大・水大・火大・風大・空大・識大の六つの元素は、互いに妨げ合うことなく、常に結びついている。

大曼荼羅・三昧耶曼荼羅・法曼荼羅・羯磨曼荼羅の四種曼荼羅は、それぞれ本体と、および互いに、離れずにある。

身・語・意の三密加持の行法を修すると、速やかに自己即大日如来のことが体得される。

そこでは、帝釈天の宮殿を飾る網（帝網）によって譬えられる重重無尽に関係性が広がるありかたが、まさに自己の身だと自覚される。

自己はもとより自然に一切智（薩般若。サルヴァジュニャーナ）を具えていて、そこにはたらいている心王・心所有法（心数）は莫大な数をも超えている。

その個々の心の活動において、法界体性智・大円鏡智・平等性智・妙観察智・成所作智の五智ないし際限なく多種多彩な智慧が発揮されている。

それらの智慧は、（大きな）丸い鏡が物を映すような力を有していて、真実の覚りの智慧なのである。

以上でも、いくつも仏教術語が出てきて、すぐには理解できないかもしれない。詳しくはこの頌の後に空海自身によって独自に解説されていくわけであるが、ここではもう少しこの頌に籠められている思想について、ごく簡単な説明をしておこう。

即身成仏に籠められた密教のすべて

まず、くどいようだが、「即身成仏」の語は、密教の教義のある側面を説くのみのものではなく、そのなかにいわば密教のすべてが籠められているということを理解すべきである。というのも、この「即身成仏頌」のすぐ後に、次の句が置かれているからである。

> 釈に曰く、此の二頌八句を以て即身成仏の四字を歎ず。即ち是の四字に無辺の義を含ぜり。一切の仏法は、此の一句を出でず。故に略して両頌を樹《た》てて無辺の徳を顕す。（同前、一九頁）

「即身成仏」の四字に、無辺の義を含み、一切の仏法がそこにあると言っている。けっして、修道論のなかのさらに時間的な側面のみを説くものなのではなく、いわば仏教の全体がそこにこもっている語であるというのが、空海の主張なのである。

もとより成仏している、という意味

『即身成仏義』の「即身成仏頌」においては、後半の頌の冒頭には、「法然に薩般若を具足して」という句があった。薩般若とは、サルヴァジュニャーナの音写であり、一切智の意である。もちろん、一切智もしくは一切智智は、仏の智慧をいうものにほかならない。法然にとは、もとよりということであり、はからい以前に、修行以前にということである。つまりこの句は、人間はもとより仏の智慧を有している、仏と変わらないということを説くものである。

このことは大乗仏教でもよく説かれることである。特に如来蔵思想においては、人間はもとより如来の胎児を有しており、その意味で如来と変わらないと説いている。禅宗では、白隠《はくいん》の『坐禅和讃』の冒頭に、「衆生本来仏なり」とある。

仏教では、成仏とあっても、これから成仏するとの意ではなく、すでに成仏しているとの意においてこの語が用いられる場合もないわけではない。たとえば唯識説に三性説があり、なかに円成実性が説かれるが、この「円成実」は、「円満・成就・真実」の意であるという（『成唯識論』）。この成就も、これから成就するとの意ではなく、すでに成就していることをいうもので、もとの原語の完了形と相応している。

あるいはまた、「草木国土、悉皆成仏」の句における成仏の意味も、草木国土も仏の本性と変わらない、そこに仏の智慧が浸透している、等の事実を捉えて悉皆成仏ということなのである。すなわち、悉皆はすでに成仏している、の意と理解されるべき句なのである。

このことは、空海においても同様である。「法然に薩般若を具足して」は、法仏の成仏を明かしているとされるが、法仏はあらためて覚りを開くべきではありえず、故にこの成仏はすでに成仏していることを語っているであろう。

また、その「法然に薩般若を具足して」の句の解説のなかに、「上の文に引く所の、我覚本不生、乃至、遠離於因縁の偈と、及び諸法本不生、乃至、因業等虚空との」（同前、二九頁）、「六大無礙常瑜伽」の六大の説明に用いられた経文について、「是の如く等の偈は皆な法然具足の義を明かす」とも言っているのであり（同前、三〇頁）、「即身成仏頌」の前半の第一句と後半の第一句とはまさしく照応しているのである。それほど重要なこの意味、すなわちすでに成仏しているという意味を、「即身成仏」の語に読み込まないわけにはいかないであろう。

ちなみに、空海の『大日経開題』「法界浄心」は、『大日経』の正式の題名、「大毘盧遮那成仏神変加持経」のなかに出る成仏の語に対して、次のように註釈している。


成とは不壊《ふえ》の故に、不断の故に、不生の故に、不滅の故に、常恒《じようごう》の故に、堅固の故に、清浄の故に、無始の故に、無終の故に、此れ則ち法爾所成《ほうにしよじよう》にして、因果所生に非ざるが故に。(定本第四巻、六頁)

成仏は、法爾所成のことだという。決して因果にかかわるものではない、つまり修行して仏になるというわけではないというのである。したがって、成仏の成は、常恒・不壊等の意ということにもなる。このことは、大毘盧遮那仏、すなわち大日如来についていうものなのかもしれない。しかし大日如来においてこのことが事実であるなら、他の衆生の内なる仏においても同様でありえてよいであろう。したがって、『即身成仏義』の成仏も、この意においても理解すべきことにちがいない。「身に即して成仏する」のではなく、「即身すなわちこの身は(すでに)成仏している」の意とも受け止めるべきなのである。

『即身成仏義』は、この「法然に薩般若を具足して」の「具足」に対して、「成就」と

「無闕（欠）少」とで注釈している（具足とは成就の義、闕少無きの義なり）。この成就も、成就すべきもののことではなく、すでに成就している、の意のはずである。仏の智慧を具足していることは、仏の智慧をすでに成就していることを示すものなのであり、ということは成仏し終わっているということになる。具足に対し欠少無きの義と注釈するのは、ある意味では単なる同語反復に過ぎず、ここでは成就という注釈にこそ大きな意味がある。

即身成仏が持つ豊かな意味

はたして『異本即身成仏義』なるものが六種あり、そのなかでは成仏の意味に、

理具《りぐ》の即身成仏
加持《かじ》の即身成仏
顕得《けんとく》の即身成仏

の三種があると説いている（定本第三巻、二二二頁。他にもあり）。

このような三つの言葉は、本来の『即身成仏義』には見られないのであるが、しかしこの見方は「即身成仏」が持つ豊かな意味を取り出しているとみなされることが多い。理具

成仏とは、理として仏を具している、もとより仏を具しているということで、本来成仏をいうものである。

一方、顕得成仏は、すでに仏となって仏の徳能を十全に発揮しているところである。加持成仏とは、ややわかりにくいかもしれないが、加持の修行のあいだ、仏を実現しているところで、その瑜伽三昧の時を出て日常に還ったときはその人の境涯に戻るようなありかたをいう。こうして、いわゆる因位・果位を通じて仏であることを見るのであり、「即身成仏」にはそのすべてのあり方が読み込まれるべきだというのである。たしかに、前に見たように、「即身成仏頌」の句からしても、このことは理解しておかなければならないであろう。

この『異本即身成仏義』の説をもう少し詳しく紹介しておこう。そこでは、「頌の初の四句に依って加持の即身成仏を立て、次の三句に依って理具の即身成仏を立て、終の句に依って顕得の即身成仏を立つ」とある（定本第三巻、二一三頁）。さらにそれらの意味については、「一切衆生の自心の中に金剛胎蔵の曼荼羅、因果を遠離して法然として具するを、理具の即身成仏と云うなり。三密の加持に由って自身本有の三部の諸尊、速疾に顕発するが故に、加持の即身成仏と云うなり。三密の修行、已に成就するが故に即心に万行を具し、心の正等覚を見、心の大涅槃を証し、……実の如く覚知するを顕得の即身成仏と名づくるなり」とある（同前、二一二頁）。

いうまでもなく、このような論理構造の背景には、『大乗起信論』の本覚思想があるものと思われる。『大乗起信論』は、本来、覚っていることを本覚といい、しかし無明煩悩に覆われてそれが十全に発揮されていないことを不覚といい、そこで修行して覚りを成就したところを始覚といっている。

この本覚について、修行の段階に応じて、

不覚―相似覚―随分覚―究竟覚

の語を用いている。修行の途中の段階でも、覚の言葉を用いているのである。もちろん、『異本即身成仏義』の理具成仏は本覚に、顕得成仏は始覚の究竟覚に当たるであろう。そして加持成仏は、そのあいだの始覚（相似覚、随分覚）に相当する。

こうして、「即身成仏」とは単にこの一生のうちに成仏することのみではない、この身においてすでに成仏していることが根本なのであり、しかもその事態のもとで修行し、そのことを円《まどか》に具現していくありかたも含めての内容を有する言葉なのである。

多様な訓読の仕方

そうであれば、この「即身成仏」の語の訓読の仕方も多様でありうることになる。吉祥眞雄『即身成仏義講説』には、次のような解説がある。

これを解するに、体相用の三大の義に分けることができる。一に体大につかば、「即ちの身、成れる仏の義」と訓む。六大体大は本来、法身の仏であるからかくいうので、これは理具成仏の義に当たる。二に相大につかば、「身に即して仏と成る義」と訓む。相大は四種曼荼不離で、凡夫の身を離れずして仏体である。これは加持成仏の義に当たる。三に用大につかば「即《すみやか》に身、仏と成る義」と訓む。三密の行によりて一念一時または一生に成仏する。顕教の三劫成仏に較べると甚だ速疾である。これは顕得成仏の義に当たる。(吉祥眞雄『即身成仏義講説』、山城屋文政堂、一九三四年〈以下、吉祥〉、一三頁)

このなか、相大についての説明、「相大は四種曼荼不離で、凡夫の身を離れずして仏体である」は、むしろ理具成仏の説明のようになっているようにも思われるが、修行によってこの身に即して次第に仏に成る過程を経るという意味なのであろう。体・相・用によって区別するのがよいか、理具・加持・顕得で区別するのがよいか、そもそもこの両者は並行しているのかどうか、種々の議論がありえようが、ともかく「即身成仏」の語は、総体的にみれば、「即身に成仏する」という読みになる（小田、一六頁）ものの、詳しく分析して読めば、

①「即ちの身、成れる仏の義」（この身はすでに成就している仏である）
②「身に即して仏と成る義」（現世のこの身において仏となる）
③「即《すみやか》に身、仏と成る義」（即時に仏となる）

といった意味が籠められているのである。このなか、どの意味が『即身成仏義』の本意か、の議論もありえるが、三種ともに正意であるとの理解が妥当であろう。前にも言ったように、「即身成仏頌」のなか、理具成仏は「六大無礙にして常に瑜伽なり」「法然に薩般若を具足して」に読める。「顕得成仏」は、「円鏡力の故に実覚智なり」に読める。加持成仏は、「三密加持して速疾に顕る」等に読むことができる。「即身成仏」の語はけっして単純ではなく、教理的にもたしかにこうした多様な読み方をすべきなのである。

「身」は人間の身体を意味するにとどまらない

今は「即身成仏」の「成仏」ということについて、即の字とともに見たのであったが、一方、「即身」の身には、どのような意味があるのであろうか。もちろん、一般に「身」は、「父母所生の身」のこと、つまり身体のことと言えるであろう。しかし心を離れた身体ではありえず、心と一体の身体のこと、自己の全体そのものであろう。

もっとも、身の語は人間の身体を意味するのみにはとどまらない。さきほど、法身という言葉を見たが、仏の身、仏身もある。大乗仏教では、法身・報身・化身（正しくは自性身・受用身・変化身）の三身を立てるが、密教では、自性身・受用身・変化身・等流身の四身を立てる。もしも「即身成仏」がすでに成仏していること（理具成仏）を意味するなら、その身にはこうした仏身をも含んでいよう。

しかし伝統的には、身は聚集《じゅじゅ》とか所依とかいわれる。聚集とは、種々の要素の集まりを意味する。地水火風等、身体は種々の要素の集まりにほかならない。ちなみに、法身とは、法が功徳、身が集まりで、諸の功徳の集まりの意味がある。一方、所依とは、心の拠り所の意味である。あるいは、身心の活動の拠り所という意味になるのかもしれない。

ちなみに、空海の『金剛頂経開題』には、「身は積聚に由って義を立つ。如来は戒定慧等の五分法身、及び常楽我浄等の四徳、法身・般若・解脱等の三点、及び三十七菩提分法、十八仏不共法を具す。是の如きの無量の法を以て仏体と為《す》るが故に身を以て之に名づく」とある（定本第四巻、九一頁）。身に積聚の意味があり、如来の体には無量の功徳が集積されているので、如来身（仏身、法身）という、との解説である。

一方、前にも触れたように、「即身成仏頌」には、「重重帝網のごとくなるを即身と名づく」とあった。これは、無尽に関係する他者の身を自己の身としていることを意味している。いわば諸仏諸尊等のあらゆる他者を具足した曼荼羅が自己の身なのである。『秘蔵記』に、金剛界の界＝身に関して、「身は即ち聚集の義なり。言うこころは、一身に無量の身を聚集す。又た持の義なり。此の金剛の身は、三十五仏、百八尊、乃至無量の仏を堅持す」（定本第五巻、一二五頁）とあるのは、まさにこのことである。ともあれ、「即身成仏頌」には、まさに「重重帝網のごとくなるを即身と名づく」とある以上、『即身成仏義』の即身成仏は、この立場から了解すべきもののはずだったのである。こうして成仏とは、この自己即曼荼羅を証悟することにほかならない。

このように、「身」という一語をとっても、簡単ではない。それはむしろ、一身に無量身を聚集しているという、いわば曼荼羅即自己のことを表すものでもあるのである。このとき、「即身」の「即」の字の意味も、「他者と相即している」の意の「即」でもありうることが理解されるべきであろう。

ともかくこうして、「即身成仏」の語には、じつに多彩な意味が籠められていることを、忘れるべきではない。

それればかりか、空海が示すように、「即身成仏」には一切の仏法のすべてが籠められているのであった。『即身成仏義』は、「即身成仏」のそのように多彩な意味を、密教独特の仕方で説明していく。そこに空海の「即身成仏」に関する独創的な思想が披瀝されていくのである。その意味でも、『即身成仏義』は、一般の人の予想をはるかに超える、じつに深い密教教理を明かすものなのである。このことについては、以下の『即身成仏義』の解説およびまとめの章で明らかにしたい。

以下、『即身成仏義』を拝読していくことにしたい。

第六章　「即身成仏」の教証——『即身成仏義』を読む　一

本章より、『即身成仏義』をひととおり読んでいきたいと思う。必ずしも大部の作品ではなく、むしろかなり小部のものではあるが、そこには測り知れないほど広く深い世界が展開されている。本書において我々が読んでいく『即身成仏義』のテキストは比較的新しい研究成果である、密教文化研究所弘法大師著作研究会編『定本弘法大師全集』（高野山大学密教文化研究所）所収のものを用いていくこととする。このテキストは「平安時代末期（院政期）写　一帖　高山寺蔵」を底本とし、さらに他の諸本を参照したもので、本書ではそのことに敬意を表して、他の空海の著作も含めて、このテキストを用いることにしたいと思う（なお、ごくほんの一部、私の判断で訓み方を変えた箇所もある）。

「即身成仏」の経論

問うて曰く、諸の経論の中に皆《み》な三劫《さんごう》の成仏《じょうぶつ》を説く。今、即身成仏の義を建立《こんりゅう》する、何の憑拠《ひょうこ》か有る。
答う、秘密蔵《ひみつぞう》の中に、如来是《かく》の如《ごと》く説きたもう。

最初に、問答のかたちで、「即身成仏」ということの教証（聖教《しょうぎょう》に基づく証拠）を明かそうとする。顕教の諸経および諸の論書には、みな三劫という測り知れない期間の修行を経て成仏すると説いているという。経は仏の説法、論は弟子たちの研究書と考えればよいであろう。先にも触れたが、この三劫とは、三大阿僧祇劫を省略したものであり、阿僧祇とは、無数という意味の、ある莫大な数の単位である。一大阿僧祇劫とは、一説に、八百里立方の岩を、天女が着ている衣のような柔らかな布で、天の時間で三年に一度撫でて、その岩が磨滅する時間という（深浦正文『唯識学研究』下、永田文昌堂、一九五四年、六七六頁参照）。普通の芥子劫《けしこう》や盤石劫《ばんじゃくこう》の劫とははるかに異なる長さの時間である。なお、空海は『弁顕密二教論』のなかで、法相・三論・天台・華厳のいずれも三劫成仏の域を出ないと判じている（小田、一九頁）。ただし事実は、顕教のすべてが三大阿僧祇劫の時間の修行を必要とすると説いているわけでもないことは、前にも述べたとおりである。

　ともあれ、密教は即身成仏を説く。それはさしあたり、この世の修行のみで成仏できるという主張と受け止めてよいであろう。それはどの経論に説かれているのか、という問いである。

『金剛頂経』――十八会十万頌に基づく

　では、どのように説かれているのであろうか。その回答として、以下、『金剛頂経』『大日経』『菩提心論』の、二経一論の八つ（『金剛頂経』四、『大日経』二、『菩提心論』二）の密教の経論（秘密蔵）の教証が示される。そこで、個々の教証を見る前に、ここに出る二経一論の経論それぞれについて見ておこう。

密教の代表的な経典として、『金剛頂経』と『大日経』との二つがある。『金剛頂経』は智慧を、『大日経』は理あるいは大悲を主題としていると言われている。また、『金剛頂経』は唯識系であり、『大日経』は般若系であるとも言われる。

『金剛頂経』とは、その本体として十八会《じゅうはって》十万頌の（長さの）経典があるのだとされている。これを大本という。『密教大辞典』（法蔵館）によれば、この十八会が、十八部の経典の集成としてあり、各会の法門名や会処も明記されている。宋の時代に到って、施護《せご》・法《ほう》賢《けん》の二人の訳経僧（三蔵）によって、その初会・第六会・第十五会の経典はすべて訳された。特に、初会の全訳は、施護により、『一切如来真実摂《いっさいにょらいしんじつしょう》大乗《だいじょう》現証《げんしょう》三昧大教《ざんまいだいきょう》王経《おうきょう》』三十巻として訳出されている。その他、この大本の一部分を訳出したものは多数ある。多くは儀軌の類である。

一方、その初会の、四大品の中の第一「金剛界品」に説かれる大曼荼羅分を訳したものとして、不空訳『金剛頂一切如来真実摂大乗現証大教王経』三巻がある。真言宗では、これを金剛頂の根本聖典とし、しばしばこれをもって『金剛頂経』と呼ぶのである。

したがって、『金剛頂経』には、広義のそれと、狭義のそれとがあるわけである。三巻本の『金剛頂経』は、「一切義成就菩薩が秘密仏の警覚《きょうかく》開示を蒙りて五相成身観を修することを明かす。この菩薩、灌頂を受け、金剛名を金剛界菩薩と号す。菩薩、現に自身如来を証し、菩薩の金剛中に入りて金剛界如来となり、……」とある。その後、金剛界曼荼羅が説かれるわけである。

このなかで、『即身成仏義』に教証として引かれるものは、むしろ大本の一部をなしている儀軌類ということになる。第一の教証は、不空三蔵訳『金剛頂《こんごうちょう》経《きょう》一字頂輪王瑜伽《いちじちょうりんおうゆが》一《いっ》切時《さいじ》処念誦成仏儀軌《しょねんじゅじょうぶつぎき》』である。第二の教証は、金剛智《こんごうち》訳『金剛頂《こんごうちょう》経《きょう》瑜伽《ゆが》修習毘盧《しゅうじゅびる》遮那《しゃな》三《さん》摩《ま》地《じ》法《ほう》』である。第三の教証は、不空三蔵訳『成就《じょうじゅ》妙法蓮華経王瑜伽《みょうほうれんげきょうおうゆが》観智《かんち》儀軌《ぎき》』である。第四の教証は、ふたたび第二の教証に用いた『三摩地法』を用いている。

『大日経』――三十一品

一方、『大日経』であるが、これにも龍猛《りゅうみょう》菩薩が南天鉄塔において金剛薩埵より授かった十万頌の経があるという。しかしその略本があり、それが通常の『大日経』で、詳しくは『大毘盧遮那成仏神変加持経』といい、善無畏訳で七巻のものである。前六巻に、「住《じゅう》心品《しんぼん》」から「嘱累品《ぞくるいぼん》」まで三十一品ある。なかでも、第一「住心品」は重要で、衆生の浄菩提心を明かしており、空海はこの「住心品」に拠りながら「十住心」の思想を組み立てた。三句として有名な、「菩提心（bodhi-citta）を因（hetu）となし、大悲（mahākaruṇā）を根《こん》（mūla）となし、方便（upāya）を究竟（paryavasāna）とす」の句は、この品に出る。

第二「具縁品《ぐえんぼん》」以降は、事相を明かし、胎蔵曼荼羅のことや灌頂の作法等を明かしている。なお、第七巻はもっぱら供養法を明かすものとなっていて、五品ある。

『即身成仏義』では、教証として、「悉地出現品」と「真言行学処品」から、二つの文を引用する。

『菩提心論』——龍猛作・不空訳の論書

『菩提心論』は、龍猛の作と伝えられる論書で、不空の訳であり、詳しくは『金剛頂瑜伽《こんごうちょうゆが》中発阿耨多羅三藐三菩提心論《ちゅうほつあのくたらさんみゃくさんぼだいしんろん》』というものである。これを略して『金剛頂発菩提心論』『発菩提心論』ともいい、一般に『菩提心論』というわけである。龍猛とは、龍樹のことと言われているが、もちろん、『中論』を造った龍樹がこの『菩提心論』も造ったわけではないであろう。誰の著作かは不明である。空海は、この『菩提心論』を、『釈摩訶衍論』とともにひじょうに重用した。以下に見るように即身成仏のことも説き、さらに行法（三摩地）についても説くが、その段は本来、行者に個別に伝授されるものとなっている。

「現に仏の菩提を証す」

以上、『即身成仏義』が引く二経一論について、その概要を見た。これより個々の教証について見ていくことにしよう。

問う、彼の経に云何んが説く。
答う、金剛頂経《こんごうちょうきょう》に説《と》かく、此の三昧を修する者は、現に仏の菩提を証す、と。〔此の三昧とは、謂く、大日尊の一字頂輪王《いちじちょうりんおう》三摩地なり。〕

初めに、不空三蔵訳『金剛頂経一字頂輪王瑜伽一切時処念誦成仏儀軌』からの引用である。この儀軌の主人公は、一字頂輪王である。この三昧を修するとは、この一字頂輪王の三密行を修することを意味する。智拳印《ちけんいん》を結び、ボロンの一字真言を誦するなどして、その身・語・意の三密と一体化することが三昧を修するということである。

このとき、「現に仏の菩提を証す」と経典にあるわけである。じつは、『大日経開題』によれば、『大毘盧遮那成仏神変加持経』の「成仏」と、『金剛頂一切如来真実摂大乗現証大教王経』の「現証」とは、ともにabhisambodhiの訳であると述べている。このabhiは、まのあたり、といった意味ではなかろうか。必ずしも、過去・未来・現在の現在と指定したものではないであろう。しかし、古来、この漢訳によって、現世に証すると言われているのだと理解されている。そこで、この句は、「即身成仏」のことを意味していると考えられるわけである。

現世に「歓喜地」を得る

又た云く、若し衆生《しゅじょう》有って此の教に遇《お》うて、昼夜四時に精進して修すれば、現世《げんぜ》に歓《かん》喜《ぎ》地《じ》を証得して、後の十六生《じゅうろくしょう》に正覚《しょうがく》を成ず、と。

〔謂く、此の教とは、法仏の自内証《じないしょう》の三摩地大教王を指す。歓喜地とは、顕教所説の初地には非ず、是れ則ち自宗仏乗の初地なり。具《つぶさ》に説かんこと、地位品《じいぼん》の中の如し。十六生とは、十六大菩薩生を指す、具には地位品の説の如し。〕

第二の教証は、金剛智訳『金剛頂経瑜伽修習毘盧遮那三摩地法』からである。これと同じ文章が『念誦結護《ねんじゅけちご》法普《ほうふ》通諸部《つうしょぶ》』にあり、『金剛頂瑜伽経文殊師利《こんごうちょうゆがきょうもんじゅしり》菩《ぼ》薩儀《さつぎ》軌《き》供《く》養法《ようほう》』にも同様の文章がある。「教に遇うて」とは、密教に出会ってという意味であろう。後の空海自身の説明に、「法仏の自内証の三摩地大教王を指す」とは、法身仏が自ら内に証している覚りの世界（三密）をそのまま説いた『金剛頂一切如来真実摂大乗現証大教王経』のこととあり、すなわち『金剛頂経』、つまりは密教の教えと明かしたものである。

昼夜四時にとは、晨朝・日中・昏夕・夜半のことで、こうなると一日中というのとほぼ変わらないほどである。四六時中、密教の教えを心にかけて、修行するということである。

歓喜地を証得するとは、大乗仏教一般（顕教）の理解とはだいぶ異なることを理解しなければならない。顕教では歓喜地は十地の初地であるが、密教では歓喜地とは成仏の位を意味しているという。それが空海の言う「歓喜地とは、顕教所説の初地にはあらず、これすなわち自宗仏乗の初地なり」の文の意味である。ゆえに「現世に歓喜地を証得して」とは、現世に成仏を果たすことができるということを意味することになる。とすれば、これはまさに即身成仏の教証ということになるであろう。

では、「後の十六生に正覚を成ず」とは、何を意味しているのであろうか。空海は「十六生とは、十六大菩薩生を指す」という。この意味は、十六大菩薩の功徳が現れる（顕生）ということを意味しているのだというのである。その意味をさらに示せば、歓喜地において、自利利他円満の仏智を自証するが、その後は利他の功徳を発揮してやまないということなのである。さらにこの十六生とは、十六大菩薩の功徳を一身に現証するという意味であるともいう（小田、一二三頁）。

したがって、この教証の意味を簡単に述べれば、密教の修行をすれば、現世のうちに成仏を果たし、その後はもっぱら利他の活動に励むということである。

なお、十六大菩薩とは、金剛界曼荼羅に見られる、大日如来を取り囲む四仏のおのおのに協働している四菩薩のことである。すなわち、

東方に金剛菩薩、金剛王、金剛愛、金剛喜、
南方に金剛宝、金剛光、金剛幢、金剛笑（咲）、
西方に金剛法、金剛利、金剛因、金剛語、
北方に金剛業、金剛護、金剛牙、金剛拳

の諸菩薩がいるとされる。これらの菩薩の徳については、『密教大辞典』が詳しいので、関心のある方は、参照されたい。たしかに全体に、利他の徳を表すものである。

最後に、「具に説かんこと、地位品の中の如し」とあったが、それは、『大日経』「住心品」の十地を説く箇所を意味しているという。他に、『分別聖位経《ぶんべつしょういきょう》』のこととか、『華厳

経』「十地品」のこととかの説もあるという。『金剛頂経』の教証を引用しながら、『大日経』を見よというのは、齟齬があるという解釈もありうるし、両者あいまって証明が十全になったという解釈もありうるかと思われる。

密教における至高の覚り

又た云く、若し能く此の勝義に依《よ》って修すれば、現世に無上覚《むじょうかく》を成ずることを得、と。

第三の教証は、不空三蔵訳『成就妙法蓮華経王瑜伽観智儀軌』である。引用された言葉の意味は、さほど難しいものではないであろう。ここにある勝義とは、世俗諦《せぞくたい》・勝義諦ということであり、勝義ではなく、単純に勝れた教義の意味でよく、要は密教の教えの内容ということである。無上覚は、密教における至高の覚りのことになろう。

この句の出典、『成就妙法蓮華経王瑜伽観智儀軌』は、『法華経』と似た説も説くものであり、秘密の法華とも言われるものである。

証金剛身を説く

又た云く、応当《まさ》に知るべし、自身即ち金剛界と為《な》すと。自身を金剛と為《す》れば堅実にして傾壊《きょうえ》無し。我れ金剛の身と為る、と。

第四の教証は、ふたたび第二の教証に用いた『金剛頂経瑜伽修習毘盧遮那三摩地法』から引いている。ここに出る、五相成身観のなか、第四の証金剛身を説く箇所を簡略にしたものである。実際には、「応当《まさ》に知るべし、自身即ち金剛界と為《な》ると。唵《オン》麼《マ》折《ザ》囉《ラ》怛《タ》麼《マ》句《ク》含《カン》。自身、金剛と為りぬれば、堅実にして傾壊《きょうえ》なし。復《ま》た諸仏に白《もう》して言《もう》さく、我れ金剛身と為る」とある。「金剛界」とは、金剛身のことである。

この儀軌によると、行者が無識身定《むしきしんじょう》を修して無相平等の境地に住して、そこが覚りの世界だと誤解していた。そこで空中に無数の諸仏が来たって、行者に「そこが究極なのではない。さらに進んで自心を観察せよ」と呼びかける。自心を観察するには、月輪を用いていくのである。こうして、いわゆる五相成身観が修されていくことになる。五相成身観は、通達菩提心《つうだつぼだいしん》・修菩提心《しゅぼだいしん》・成金剛心《じょうこんごうしん》・証金剛身《しょうこんごうしん》・金剛堅固《こんごうけんご》身《しん》（仏身円満）の観法であって、ここに引用された句は、第四の段階のものなのである。五相成身観においては、究極は第五の金剛堅固身にあるのに、いったい空海はどうしてここに第四段階の句を引いたのであろうか。これにも種々細かな解釈があるようであるが、小田は、「実は五相成身は自証円満の上の徳相を次第して示したもので、何れの位にも即身成仏の義はあるが、即身成仏の義がよく顕われている証金剛身の文を、今引証せられたのである」と説明している（小田、二七頁）。

「悉地」とは何か――『大日経』からの教証

大日経に云く、此の身を捨てずして、神境通《じんきょうつう》を得るに逮《およ》べり、大空の位に遊歩《ゆぶ》して、而も身秘密《しんひみつ》を成ず、と。

又た云く、此の生に於いて悉地《しつじ》に入らむと欲《おも》はば、其の所応《しょおう》に随って之を思念せよ。親《まのあた》りに尊の所《みもと》にして明法を受く、観察《かんさつ》し相応して、成就を作《な》す、と。〔云云〕

此の経に説く所の悉地とは、持明《じみょう》の悉地及び法仏の悉地を明かす。大空位とは、法身は大虚に同じて無礙《むげ》なり。衆象《しゅぞう》を含じて常恒《じょうごう》なるが故に、大空と曰う。諸法の依住《えじゅう》する所なるが故に位と号す。身秘密とは、法仏の三密なり。等覚《とうがく》も見ること難く、十地《じ》も何《いか》んが窺《うかが》わん。故《かるがゆえ》に身秘密と名づく。

次に、『大日経』の教証が引かれる。これに、二つが引かれている。一つは『大日経』「悉地出現品」から、もう一つは同「真言行学処品」からである。後者の教証の後に置かれた解説は、ほぼ前者の教証の語の解説である。そこでこの二つにつき、解説をまとめて掲げておく。

前者の文は、「悉地出現品」において、阿縛羅訶佉（a va ra ha kha）の五字門の行相を説くなか、訶《か》字門の行相を説くなかの世間の悉地を明かすものである。これに対し、出世間《しゆつせけん》の悉地というものがある。空海の解説のなかに、「此の経に説く所の悉地とは、持明の悉地及び法仏の悉地を明かす」とあるが、その持明悉地が世間悉地であり、法仏の悉地が出世間悉地である。悉地といえば仏の境界が成就されたことを指すように思われるが、持明悉地とは、明呪《みようじゆ》すなわち真言を持《たも》つことによって五神通等を得るなど、世間において成果を得るものである。法仏悉地とは、法身仏が成就されたことを意味するものである。

ここに引用された句は、訶字をめぐる観行を修すれば、今、生きているこの身において、神通力（神境通）を得て、大空の位に遊んで、身の秘密行を成就するという。「大空の位に遊歩して」について、大空とは法身のことを述べたものだという。法身は広大な虚空のようであり、そこに障礙になるものは何もない。しかもありとあらゆる現象をそこに成り立たしめていてそれ自身は生滅変化することなく、不生不滅で常恒である。それは、大虚空のようなので、大空というのだという。またこの位というのは、あらゆる現象（諸法）がそこにおいて成立するのであり、つまり依住するので、そこに位するのだという。そこで、この句は、じつはこの身において法身を実現することを述べたものなのであり、即身成仏の教証になりえているというのである。

この「身秘密を成ず」についても、空海は「法仏の三密なり。等覚も見ること難く、十地も何んが窺わん。故に身秘密と名づく」と説明していた。単に身密のみでない、法仏の三密全体と解するのである。

もう一つの『大日経』「真言行学処品」からの教証は、この世において悉地（仏果）の世界に入ろうと思うなら、その者にとって自分にふさわしい密教の行法を修行せよ、というものである。人によって、はるか過去世以来の種々の因縁が異なるので、どの仏なり尊格なりを本尊として修行するかは異なってくる。ともあれ、この密教の修行をまっとうするためには、信頼できる師（尊）に入門して、親しく真言ないし密教の行法（明法）を授かって、観察等、正しく修して、三密において本尊と相応し一体となれば、その悉地に入るという願いを成就して成仏を果たすのである、と説くものである。これもこの身に即して、法身仏を得ることを言うもので、前の教証と趣旨は共通のものである。

『菩提心論』のなかの「即身成仏」

又た龍猛《りゅうみょう》菩薩の菩提心論《ぼだいしんろん》に説かく、真言法の中のみ即身成仏するが故に、是《ここ》に三摩地の法を説く。諸教中に於いて闕《けつ》して書せず、と。

〔是説三摩地（是に三摩地の法を説く）とは、法身自証の三摩地なり。諸教とは、他受《たじゅ》用身《ゆうしん》の所説の諸の顕教なり。〕

次に、『菩提心論』からである。この論書には、たしかに「即身成仏」の語が出てくる。上来の教証では、必ずしも即身成仏の語そのものが出てきたわけではなかった。そこで、空海は『菩提心論』を引いておく意味を認めたのであろう。

実際、『菩提心論』には、「惟真言法中、即身成仏故」とある。惟は唯、ただ真言密教の教えのみにおいて即身成仏することができるというのである。

このような即身成仏を実現する行法は、諸教において説かれていないという。ちなみに、密教の説法は、自性身ならびに自受用身により、自受法楽のために説かれるものであった。このことは『弁顕密二教論』に説かれていることである。参考までに、

『弁顕密二教論』は、『菩提心論』を「密蔵肝心の論なり」と高く評価し、「この故に顕密二教の差別・浅深、及び成仏の遅速・勝劣、皆なこの中に説けり」とある。

又た云く、若し人仏慧《ぶって》を求めて、菩提心を通達するに、父母所生《ぶもしょしょう》の身に、速に大覚《だいかく》の位を証す、と。

最後の教証は、『菩提心論』末尾に置かれた、菩提心を讃嘆する頌からである。仏の智慧の実現を求めて、密教の行法を通じて菩提心に通達すると、父母が授けてくださったこの身体において、この世のうちに(速やかに)大覚位すなわち仏の世界を証得するのである、という。菩提心に通達するとは、五相成身観の中の第一・通達菩提心ということではなく、自らに存在する浄菩提心を体得して自己即大日如来、さらには自己即曼荼羅世界であることを悟得することであろう。

ここには、父母所生の身においてと、まさに即身の成仏であることが明示されている。たしかにこの句も、即身成仏の教証にふさわしいであろう。

是の如く等の教理証文に依って、此の義を成立す。

以上の、『金剛頂経』『大日経』『菩提心論』の、それぞれの教証の文言とそこに盛られている道理とによって、即身成仏ということはまちがいないことなのである。

「是の如く等の」の「等」は、即身成仏のことを説く密教の教証が、他にもあることを示している。

このことについて、小田は、『大妙金剛大甘露軍拏利焔鬘熾盛仏頂経』の「肉親を転ぜずして無漏果《むろか》を得」の文（大正大蔵経第一九巻、三四一頁下）、『仏説出生無辺門陀羅尼儀軌』の「心三摩地に住し三平等に入るに由って善く瑜伽に住するが故に、自身本尊に同じ、凡に在って正覚を成ず」の文（大正大蔵経第一九巻、六七九頁下）、『金剛頂超勝三界経説文殊五字真言勝相』の「若し五遍誦ずれば速に無上菩提を成ず」の文（大正大蔵経第二〇巻、七〇八頁下）、『五字陀羅尼頌』の「能く凡夫の身を以て現に仏身を成就す」の文（大正大蔵経第二〇巻、七一三頁中）、同「即ち一座の中に便《たちま》ち最正覚を成ず」の文（大正大蔵経第二〇巻、七一三頁下）等を挙げている（小田、三七～三八頁）。

第七章　六大無礙の真意――『即身成仏義』を読む　二

「即身成仏頌」の奥深い意味

前の章では、「即身成仏」の根拠となるべき経論（教証）の提示があった。以下、いよいよ本論部分である。初めに「即身成仏頌」が示される。

是くの如くの経論の字義差別云何ん。頌に曰く、

六大無礙にして常に瑜伽なり	**体**	**即身**
四種曼荼　各《おのおの》離れず	**相**	
三密加持して速疾に顕る	**用**	
重重帝網《たいもう》のごとくなるを即身と名づく	**無礙**	
法然に薩般若を具足して	**法仏成仏**	**成仏**
心数《しんじゅ》心王刹塵に過ぎたり	**無数**	
各五智無際智を具して	**輪円**	
円鏡力の故に実覚智なり	**所由**	

以上に挙げられた即身成仏を証する経論の「字義」はどのようであろうか、との質問が

提示されている。ここの字義の語は、字と義を分けて解釈するのが通例のようで、即身成仏という字（語）およびその義理（意味内容）というように理解する。一方、空海の著作には、しばしば字相と字義との区別が説かれている。字相は、語の表面的な意味、字義は語の表面には見えない深い意味のことである。私にはむしろこの字義の意味をここに受け止めるべきだと思われる。要は、「即身成仏」の語のさらに深い意味とは何かということである。字義差別の差別は、それぞれの意味ということでよいであろう。あるいは、「字義差別」で、他と区別される特別な字義の意味と取るのもよいであろう。

この問いに対して、二頌八句からなる「即身成仏頌」によって回答を示したのである。すでにこの「即身成仏頌」そのものの意味についておおまかに説明しておいたが（本書一六八〜一六九頁参照）、以下には、空海によってそのより深い、真の意味が、詳しく解説されていく。ただしその前に、この両頌の意義の大要が示されている。

「一切仏法の無辺の義」

釈に曰く、此の二頌八句を以て即身成仏の四字を歎ず。即ち是の四字に無辺の義を含ぜり。一切の仏法は、此の一句を出でず。故に略して両頌を樹《た》てて無辺の徳を顕

す。頌の文《もん》を二に分かちて、初の一頌には即身の二字を歎じ、次の一頌は成仏の両字を歎ず。初の中に又た四あり。初の一句は体《たい》、二は相《そう》、三は用《ゆう》、四は無礙なり。後の頌の中に四有り。初には法仏の成仏を挙げ、次には無数《むしゅ》を表し、三には輪円《りんえん》を顕し、後には所由《しょゆう》を出す。

まず、この二頌八句は、即身成仏の四字を讃歎したものだという。それにつづく解説によれば、前半の一頌が即身を讃歎し、後半の一頌は成仏を讃歎したものだという。

さらに、初の頌のうち、第一句は体、第二句は相、第三句は用、第四句は無礙のあり方を表すものだという。体とは存在の本性そのもののこと、相は、属性、性質のこと、用は作用のことである。体・相・用の概念は、『大乗起信論』において衆生心に関して用いられているのが有名である。ここで、何の体・相・用かといえば、大日如来のということであろうし、また、その仏身を内に有する自己の、その仏身のということでもあろう。

一方、後の頌の第一句は、法仏の成仏を、第二句は無数を、第三句は輪円（具足）を、第四句はそのわけ（所由《しょゆう》）を表すものだという。法仏の成仏とは、法身仏としてすでに本来、成仏していること、いわゆる理具の成仏のことを意味する。

ところで、今の説明の初めに、「即ち是の四字に無辺の義を含ぜり。一切の仏法は、此の一句を出でず。故に略して両頌を樹てて無辺の徳を顕す」とあった。「即身成仏」の語には、ただ「この身に即して成仏する」という意味だけでなく、じつに無辺の意味があるのだというのである。一切の仏道の教え、もしくは仏教が説く一切の存在の内容は、この「即身成仏」の語のなかに含まれているのだという。逆に空海は、その無限の意味を籠めて簡略な二つの頌を作って、それにより一切仏法の無辺の徳を明かすのである。

そうであるなら、じつは「即身成仏」ということに、密教のすべてが含まれていると言ってよいであろう。よく、『即身成仏義』は身密、『声字実相義』は語密、『吽字義』は意密を説くと言われたりするが、それは浅薄な主張に過ぎないとしか思えない。少なくとも、『即身成仏義』は身密だけ、さらには三密だけを説くのではなく、じつに一切の仏法を説くものなのである。以下、そのことが空海によって明かされていく。

「六大無礙常瑜伽」

まず、「即身成仏頌」前半の第一句、「六大無礙にして常に瑜伽なり」の意味である。この句は、体・相・用の体を表すともあるのであった。以下の解説において、まず、六大はけっして元素のことではなく、いわば法界体性（いわば世界の本性・本体）のその諸相であることが明かされる。次にこの法界体性があらゆる現象を成立せしめていることが、三つの教証の引用とその独自の解釈によって明かされる。こうして、六大すなわち法界体性が能造（造る側。能成・能生）であり、各仏身、衆生身、あるいは器世界等、ありとあらゆる現象が所造（造られる側。所成・所生）であることが強調されている。ただし能造・所造等と言っても、そこに能・所の二元対立的な関係があるわけではない。最後に、無礙（互いに妨げあうことがない）にして常に瑜伽（結びついている）なのは、けっして六大ではなく、その六大すなわち法界体性による所成の身であることが明かされていく。この身は仏であれ衆生であれ各個のことで、また一切の現象でもある。法界体性（法性）と各身（諸法）との関係は、能・所の二元的関係ではなく、もとより不一不二に違いないが、そうして成立している各身のあいだで、無礙に渉入・相応していることが、この第一句によって意味されているという。いわば、「法界体性所成の身」において理事無礙《りじむげ》法界《ほっかい》が、「無礙にして常に瑜伽なり」において事事無礙《じじむげ》法界《ほっかい》が明かされているのである。いな、それは人人無礙として、曼荼羅そのものであろう。

　と最初に記しても、今はまだ何のことかさっぱりわからないかもしれない。ただ、ともかくこの第一句の意旨の究極は、「是の如きの六大の法界体性所成の身は、無障無礙にして、互相に渉入し相応せり。常住不変にして、同じく実際に住す。故に頌に、六大無礙にして常に瑜伽なり、と曰う」（本書二三三頁参照）とあることに注意してほしい。これが空海のこの句の解釈の結論なのである。この説示を無視することはできない。以下、空海のこの第一句、「六大無礙にして常に瑜伽なり」に対する解説を辿っていこう。

六大について

謂く、六大とは五大と及び識となり。大日経に謂う所の、我れ本不生《ほんぶしょう》を覚れり、語言《ごごん》の道を出過《しゅつか》し、諸過に解脱を得て、因縁を遠離《おんり》し、空は虚空《こくう》に等しと知る、是れ其の義なり。彼の種子真言《しゅうじしんごん》にいわく、《ボダボウチアビラムキャムム》。為《いわ》く、𑖀阿字《あじ》諸法本不生《しょほうほんぶしょう》の義とは即ち是れ地大なり。嚩字離言説《ばじりごんせつ》、之を水大と謂う。清浄無垢塵《しょうじょうむくじん》とは是れ即ち囉字火大《らじかだい》なり。因業不可得《いんごうふかとく》とは訶字門風大《かじもんふうだい》なり。等虚空《とうこくう》とは欠字《けんじ》なり、字相即ち空大なり。我覚《ががく》とは識大なり。因位を識と名づけ、果位を智と謂う。智即ち覚なるが故に。梵音の没駄冒地《ぼうじ》は一字の転なり。没駄をば覚と名づけ、冒地をば智と曰う。故に諸経の中に謂う所の三藐三冒地とは、古きには翻じて遍知と云う、新には等覚と訳す。覚知の義相《あ》い渉《わた》れるが故に。此に経には識を号して覚者と為ることは、強《こわ》きに従えて名を得。因果の別、本末の異なるまくのみ。此の経の偈には、五仏の三摩地に約して是くの如くの説をなす。

初めに、六大について、「五大と及び識（大）」と説明している。地・水・火・風・空の五大については、五智、五仏との関係でよく説かれているので、これに識大が合わさったものと説明したのであろう。しかし、「六大無礙常瑜伽」の句に対しては、体と注記されているのであった。実際、この六大の意味は、この頌においては決して元素のことではなく、ほんとうは仏の内証の世界であり、その「体」における内容であることを、『大日経』と『金剛頂経』の句によって明かしていくのである。

初めに『大日経』の偈文である。その偈は「入曼荼羅《にゅうまんだら》具《ぐ》縁真言品《えんしんごんぼん》」（「具縁品」）に出る偈文で、「我れ本不生を覚れり、語言の道を出過し、諸過に解脱を得て、因縁を遠離し、空は虚空に等しと知る」（我覚本不生、出過語言道、諸過得解脱、遠離於因縁、知空等虚空）というものである。本来は大日如来が成仏して実現した無上菩提の内容のことなのであり、本不生を覚るということが根本である。本不生は、阿字（阿はサンスクリットで否定辞なのであり、不に通じている）によって表現される。またその世界は、言語の道を超え出ており、無明・煩悩の諸過を本来離れており、有為転変を超出しており、虚空のように広大・無礙であるのである。『大日経疏』第六には、出過語言道以下は、すべて阿字門を転釈したものだと言っている。

要は空海によれば、六大は如来内証の阿字本不生の世界の諸相をいうものなのであり、元素のことではなかったのである。すなわち、この六大は、如来内証の世界の本体が、本不生・離言説《りごんせつ》・離塵垢《りじんく》・遠離因縁《おんりいんねん》・等虚空《とうこくう》であり、かつそれらの覚証の智慧でもあること（理智不二）を物語るものと理解すべきなのであり、いわば、理智不二の真如、本覚真如の世界のことだというのである。それを空海は後に、法界体性と表現する（「仏、六大を説いて法界体性と為す。」本書二三〇頁参照）。本不生や離言説等は、体・相・用のなかでは相（属性、徳性）に近い。空海は、この第一句は体を示すものというのであったが、実際には相を含んでの体として説明していることになろう。

ちなみに、『大日経開題』「法界浄心」および「関以受自楽」において、かの「即身成仏頌」が出る前の文にも、ともに「阿等の六字は法界の体性なり」とあった（本書一五七〜一五八頁参照）。

以下、その種子真言 **a vi ra hūṃ khaṃ hūṃ** について、空海はその基字である **a va ra ha kha** および **hūṃ** によって、それぞれの意味を明かして、六大の内容を解説していく。

まず、阿字は、諸法の本不生（すなわち偈文の本不生）を意味していて、地大に相当するという。次に、嚩字は離言説（すなわち偈文の出過語言道）を意味していて、水大に相当するという。次に、囉《あら》字は清浄無垢塵（すなわち偈文の諸過得解脱）を意味していて、火大に相当するという（参考までに、小田、五〇頁に、「火大を示す場合は「アラ」と発音し、塵垢の義を表すには「ラ」と発音することを、高祖の作と伝えられる『雑問答』という書の覧字義の条に説くから、古くからの習《ならい》である」とある）。次に、訶字は因業不可得（すなわち偈文の遠離於因縁）を意味していて、風大に相当するという。次に、欠字は等虚空（すなわち偈文の知空等虚空）を意味していて、空大に相当するという。

　さらに、最後の吽（hūṃ）は、識大を意味し、我覚にこれをあてている。吽は菩提心の種子であり、故に覚にふさわしい。識は一般に覚りの智慧以前であり、識と覚とは異なるとも思われる。しかし古来、唯識思想では転識得智といい、八識が四智に変わるという。智慧とはすなわち覚りのことであり、その世界は修行による心の果の世界、識はその果を実現する修行中（因）の心の世界で、同じものの因位と果位の違いのみといえよう。そこを空海は、「因位を識と名づけ、果位を智と謂う」と示している。

　智が覚にほかならないことについては、「智即ち覚なるが故に。梵音の没駄冒地は一字の転なり。没駄（buddha, 仏陀）をば覚と名づけ、冒地（bodhi, 菩提）をば智と曰う」とある。すなわち、buddhaとbodhiとは、ともに一つの語根budhの転じたものである。buddhaは覚者の意であり、bodhiは智という。bodhiは覚と訳すことが多いかと思われるが、智とも訳す例として、空海は以下のように示すのである。「故に諸経の中に謂う所の三藐三冒地とは、古きには翻じて遍知と云う、新には等覚と訳す。覚知の義相い渉れるが故に」と。よって智（知）も覚も同一の言葉の異訳にすぎないというのである。

最後に、「此の経の偈には、五仏の三摩地に約して是くの如くの説をなす」と結んでいる。空海は「我覚」に識大を見て六大を説いているとしたのであったが、それがなぜ五仏の三摩地すなわち内証に関してのものになるのであろうか。それは、識大が五大にあまねく浸透していて、結局、五大のみ考えればよいことになり、その五大が五仏と相応して、そこで五仏の内証を説いていると言って差し支えないということになるのである。

では、五大と五仏との関係は、どのようなのであろうか。これには、いくつかの説がある。不空の伝（『宿曜経《すくようきょう》』に出る）と善無畏の伝（『仏頂尊勝心破地獄儀軌』に出る）は、次のようである（吉祥、五四頁参照）。

不空伝

地	阿	中	大日
水	嚩	北	不空成就
火	囉	南	宝生
風	訶	西	阿弥陀
空	欠	東	阿閦

善無畏伝

地	阿	東	阿閦
水	嚩	西	阿弥陀
火	囉	南	宝生
風	訶	北	不空成就
空	佉	中	大日

不空伝では、本有の立場から、善無畏伝では修生の立場からの解釈のようである。あるいは、五大は胎蔵部の五仏の内証を意味し、一方、識大に相当する最後の吽は、訶・阿・汙・麼からなっており、それらに相当する四仏を自己とする金剛界大日如来を表すのであって、識大だけで金剛界の五仏を意味する。そこで、六大は、胎蔵界・金剛界両部の五仏の内証の世界となるという解釈もある。ちなみに、胎蔵界では阿字を大日、吽字を金剛薩埵とし、金剛界では吽字を大日（普通には鑁《ばん》字）、阿字を金剛薩埵とする。こうしたことから、アヴィラウンケンウンの最後の吽を金剛界大日如来と見れば、六大は胎蔵部の大日（五仏）と金剛界の大日（五仏）を意味すると見られることになるわけである。

ともあれ、六大は、大日如来内証の世界を表すものであり、その本体（本性）の本来不生、本来自性清浄、等々のありようを伝えるものなのである。これらが、「無礙にして常に瑜伽なり」とは、まずはそれらあらゆる特性が一体となって、常に大日如来の本性の内容となっていることを意味すると理解されよう。

心と識は同じ

又た金剛頂経に云く、諸法は本不生なり、自性は言説を離れたり、清浄にして垢染《くぜん》なし、因業なり、虚空に等し、と。

此れ亦た大日経に同じ。諸法とは、謂く、諸心法なり。心王心数《しんおうしんじゅ》、其の数《かず》無量なるが故に諸と曰う。心と識と、名異《みょうい》にして義通ぜり。故に天親《てんじん》等は三界唯心《さんがいゆいしん》を以て唯識の義を成立《じょうりゅう》す。自余は上説に同じ。

次に今と同様の『金剛頂経』の文が引用される。詳しくは、『金剛頂経瑜伽修習毘盧遮那三摩地法』の文で、「諸法は本不生なり、自性は言説を離れたり、清浄にして垢染なし、因業なり、虚空に等し」（諸法本不生、自性離言説、清浄無垢染、因業等虚空）というものである。たしかに、前述の『大日経』の偈文とほぼ同様である。なおこの文の前に、「……三摩地の印を結んで、法界体性三昧に入り、五字旋陀羅尼《ごじせんだらに》を修習せよ」とあるので、この文は五字の内容を明かすものであることは確実である。さらに最初にある諸法に、空海は識大を見て、やはり六大の説明の文であるとするのである。

ここに出る諸法について、空海はこれを心法だと言っている。このことについて、『大乗起信論』で摩訶衍の法を衆生心と示しているから諸法は心法だという解釈も古来あるが、この解釈は空海が「諸法とは、謂く、諸心法なり」と、諸の心法と言っていることと場合によっては齟齬があろう。実際、空海はこのあとに、「心王・心数（心所有法）、其の数無量なるが故に諸と曰う」と言っている。唯識では、心王が八、心所有法が五十一であるが、密教では、それらが無数にあると見ているのである。唯識では五位百法をも説くが、その百法は、心王・心所有法に摂《おさ》められるので、諸法と諸心法とは、同等でまちがいない。ただし密教の心王・心所有法は、また別の意味を持つ（五仏および諸仏諸尊。本書二九四～二九五頁参照）ことにもなるが、ひとまずここでは、心王・心所有法の諸心法の意と見て差し支えないであろう。

心法が識大に相当することは、理解しやすいと思われるが、空海はここでわざわざ心は識と同じであることを述べている。「心と識と、名異にして義通ぜり」という。心と識とは、別の言葉であるが同じものを指すのだというのである。細かくいうと、心王は識であるが、心所有法は識ではない。しかし心所有法は、心王に帰してみることにすれば問題ないであろう。

空海は、「自余は上説に同じ」と言っていて、あとの五大については『大日経』のかの偈文と変わらないとしている。ただし、訶字の意味については、こちらは因業なので、前に引用された『大日経』の「因縁を遠離」すると正反対である。いったい、如来の内証における因業とは、何を意味するのであろうか。おそらく種々の解釈がありえようが、私は、衆生という因（機）に対する救済業のことと見たいが、いかがであろうか。『金剛頂経』のこの句は、行者が法界体性三昧の修習により通達すべき世界を描いたものなのであった。ということは、やはり如来の内証の世界、その本体（法界体性）のありようを説いたものと理解されよう。

以上の六大に関する『大日経』の偈文と、『金剛頂経』の文を対照させると、この六大の真の意味は、次のようである。

『大日経』			『金剛頂経』
我覚	吽 (hūṃ)	識大	諸法
本不生	阿 (a)	地大	本不生
出過語言道	嚩 (va)	水大	自性離言説
諸過得解脱	囉 (ra)	火大	清浄無垢染
遠離於因縁	訶 (ha)	風大	因業
知空等虚空	佉 (kha)	空大	等虚空

ちなみにこの両経の偈文は、「即身成仏頌」後半の第一句、「法然に薩般若を具足し

て」の説明箇所でも言及されている。つまり法仏の成仏を証する教証でもあるのである。したがって「六大無礙常瑜伽」は基本的に、法仏の内容を謳ったものと理解すべきものであることに留意すべきである。本不生・離言説等々の徳性は、法身仏において、あるいはそれをもとより有している人びとにおいて、すでに成就していることなのである。

六大はすべてに無礙に浸透す

又た大日経に云く、我れ即ち心位《しんに》に同なり。一切処に自在にして、種々の有情と、及び非情とを普遍す。阿字は第一の命なり、嚩字を名づけて水と為す、囉《あら》字を名づけて火《か》と為す、吽字を名づけて風《ふう》と為す、佉《きや》字は虚空に同じ、と。

此の経文の初句に、我即同心位とは、謂う所の心とは則ち識智なり。後の五句は、即ち是れ五大なり。中の三句は、六大の自在の用の無礙なる徳を表す。

次に、六大に関する教証として、『大日経』「阿闍梨真実智品」の文が引かれている。ここは行者が、自身に阿・娑・吽の三字を観ずる行法の解説の箇所のようである。しかし空海のここでの解説によれば、「我れ即ち心位に同なり」の句に対し、「謂う所の心とは則ち識智なり」とあって、つまり心は識大そのものを言うものと示すわけである。一方、そのやや後の「阿字は第一の命なり」から「佉字は虚空に同じ」までは、すなわち五大を説いたものだという。阿字の第一の命とは、最勝の命という意味であり、大地が有情・非情の一切の依処となってそれらを育むことをいうものらしい。その下の嚩字以下にならえば、「阿字を名づけて地と為す」とあってよいはずで、第一の命には地大のことを読み込むべきである。

興味深いのは、経典自身には「吽字を名づけて忿怒《ふんぬ》と為す」とあるのを、空海はここで「吽字を名づけて風と為す」と改めていることである。『大日経疏』には、「当に訶字有るべし。即ち是れ風なり。今、之を欠く」と言っている。空海は、忿怒持明を意味するという吽と、風を意味する訶とを融合させて、総合的に判断してここに五大の経文としての教証とした。ちなみに、『玉篇』に、「風者天地之使、陰陽怒也」とあるそうで、高井観海は「但し風と忿怒とは体用の不同である」（忿怒は風の作用）と言っている（高井観海『即身成仏義・弁顕密二教論講義』、名著出版、一九七六年、三五頁）。

ともあれ『大日経』のこの句に、識大と五大とが言及され、六大が説かれていることは判明した。こうして、六大は密教にとってじつに、本質的なことなのである。

さて、この中間の句、「一切処に自在にして、種々の有情と、及び非情とを普遍す」

は、素直に読めば、心に相当する識大が、すべての存在に浸透・遍満していて、自在にはたらいていることと読めそうである。しかしここに空海は、「六大の自在の用の無礙なる徳を表す」と注釈している。識大だけでなく、六大すべてについて述べた言葉だというのである。まさにかの頌の初句「六大無礙にして常に瑜伽なり」の教証ということにもなろう。しかしこの箇所が六大について述べたものだとするには、何らかの解釈が必要である。そこで心位＝識大＝五大であって、それらが一切に浸透し、そこに五大を開けば地・水・火・風・空となると説いたものと見るべきということになる。もちろん、五大が一切に浸透している境位でとらえられた場合、もはや元素ではなく、如来の本体の性質のことでなければならない。ここに、その解説はないが、識大＝仏智と一体の五大は、やはり本不生なり、離言説なり等の本性の特性のことでなければならないはずである。注意すべきは、その「自在の用」が無礙であると示されていることである。それらの性質を持つ体性が一切に行きわたっているので、無礙なのである。

般若経及び瓔珞経《ようらくきょう》等に、亦た六大の義を説く。

密教の経典において六大が説かれていることは、すでにこれまで見た通りである。しかしこの六大は、密教においてだけでなく、顕教の経典においても説かれていることを示している。仏教では、五蘊・十二処・十八界等はよく出るものの、六大はさほど出ないので、仏教の教えではないのではないかと怪しむ者のために用意したものであろう。また、密教では、五大は説くものの六大はあまり説かれないからと不審を抱く者も、この説明の対象に含まれているのかもしれない。

吉祥によれば、『大般若経』第二七三巻「善現、一切智智清浄故、地界清浄。一切智智清浄故、水火風空識界清浄」をはじめ、『大般若経』第五七八巻「般若理趣分」、『菩薩瓔珞経』第三、『菩薩瓔珞本業経』上巻、『中阿含経』第三三、『増一阿含経』第二九、『仁王般若波羅蜜経』上巻などに六大が見出されるという（吉祥、五九頁）。『大般若経』には、この箇所だけでなく、数多く見出されるのが実情である。なお、『倶舎論』にも「界分別観」において六大が見られる。

六大が一切の存在を造りなしていること

以下には、この六大は能造、世界は所造であることが、じつに三つもの教証の引用によって強調されていく。ただし、最終的に、この能・所は、通常の二元論的な能・所ではないと示されることにじゅうぶんな注意が必要である。

是の如くの六大は、能く一切の仏と及び一切衆生と器界等と四種の法身と三種世間とを造る。

今まで、六大のことについて説いてきたが、次にこの六大が一切の存在を造りなしていることを述べていく。これも六大が体であること（法界体性であること）を証明しようとするものであろう。故に造るといっても、時間的に根源から現象へという経緯を見ようとするものではない。まさにそれらの本体・本性であることを示そうとするものである。六大と一切の現象世界とは、法性と諸法との関係に他ならない。

一切の仏とは、三世十方の多仏を想定したものであろう。密教では、それも無数というにちがいない。一切衆生とは、仏以外の一切の生き物ということであれば、地獄・餓鬼・畜生から、声聞・縁覚・菩薩までの一切有情を意味していよう。「一切の仏と及び一切衆生」で、十界（地獄・餓鬼・畜生・修羅・人間・天上・声聞・縁覚・菩薩・仏）のすべての有情ということになる。器すなわち器界は器世間《きせけん》で、これまた十界の環境世界のすべてということになる。地獄の世界から仏国土まで、ということである。それで、ここまでで、十界の依報（器世間）と正報（身心の個体）のすべてということになる。

「等」とあるが、十界の依報・正報以外に、他の存在はありえないにちがいない。故にこの「等」は、上述をまとめてくくったものと理解するのがよいであろう。

四種法身と三種世間は、上述の「一切の仏と及び一切衆生と器界等」を、いわば言い直したものである。すでに前にも見たところであるが、四種法身とは、密教の仏身論に基づくもので、自性身（法身）・受用身（報身）・変化身（化身）・等流身の四身である。自性身は、仏の本体そのもの（理智不二の真如）において仏身を見たもの、受用身は、仏智のはたらきにおいて仏身を見たもの、変化身は、一定期間、この世に姿・形を化現して、衆生教化の活動をおこなう仏のことで、たとえば二千年以上前、インドに現れ、八十年の生涯を送った釈迦牟尼仏などである。等流身とは、一時的に、相手と同じ姿・形を示して教化して消える、時限的な化身である。これらは、「一切仏」の内容ということになる。もちろん、じつはこれらが衆生のうちに浸透しているのでもある。

三種世間とは、智正覚《ちしようがく》世間・衆生世間・器世間のことで、これは「一切の仏と及び一切衆生と器界等」を別の観点から示したものである。このなかで、智正覚世間は、何らかの覚を実現した者たちのすべてを意味すると考えられている。すなわち、声聞・縁覚・菩薩・仏のすべての者たちである。したがって、衆生世間は、地獄・餓鬼・畜生・修羅・人間・天上のすべての者たちということになろう。器世間は、それら十界それぞれの環境世界のすべてということになる。

能生と所生

ともあれ、ここには、六大＝法界体性が世界の一切を造りなしていること、その意味はじつは、法界体性があらゆる現象世界の本体であることが、まず簡潔に示された。以下、その教証が三つ引かれて、その証明とされる。ここは、たいへん込み入った説が続くところで、つぶさに解説するとたいへんな紙数を要することになってしまう。そこでこの詳しい解説は他にゆずることとし、ごく簡略に説明するのみにとどめたい。

まず、第一の教証として、『大日経』「秘密曼荼羅品」に説かれる偈が引用されている。

故に大日尊、如来発生《ほっしょう》の偈を説いて云く、
能く随類形《ずいるいぎょう》の、諸法と法相《ほっそう》と、
諸仏と声聞《しょうもん》と、救世《くぜ》の因縁覚《いんねんがく》と
勤勇《ごんにゅう》の菩《ぼ》薩衆《さつしゅ》とを生ず。及び仁尊も亦た然《しか》なり。
衆生と器世界と、次第に成立す。
生《しょう》住《じゅう》等の諸法も、常恒に是の如く生ぜり、と。

この偈は「如来発生の偈」と呼ばれている。この偈の最後に出る「生ぜり」の主体は、ここには示されていない。経典の直接の意味からすれば、阿字が生ずるようであり、すなわち阿字本不生の理（本体）が一切を生ずることを言ったものと見るのである。ただし、空海は次にこの偈は、六大（＝法界体性）がすべてを生じることを明かしたものだと注釈している。

以下、さっそく空海の解釈を見ることにしよう。

此の偈、何の義をか顕現する。謂く、六大能く四種法身と曼荼羅と及び三種世間とを生ずることを表す。謂く、諸法とは心法、法相とは色法なり。復た次に諸法というは通名《つうみょう》を挙げ、法相とは差別《しゃべつ》を顕す。故に下の句に諸仏・声聞・縁覚・菩薩・衆生・器世間次第に成立《じょうりゅう》すと云う。復《ま》た次に、諸法とは法曼荼羅なり。法相とは三昧耶《さんまや》身《しん》なり。諸仏乃至《ないし》衆生とは大曼荼羅身なり。器世界とは所依《しょえ》の土《ど》を表す。此の器界とは三昧耶曼荼羅の総名《そうみょう》なり。復た次に仏・菩薩・二乗とは、智正覚世間《ちしょうがくせけん》を表す。衆生とは衆生世間なり。器世界とは、即ち是れ器世間なり。復た次に、能生《のうしょう》とは六大なり。随類形とは所生《しょしょう》の法なり。即ち四種法身・三種世間《さんじゅせけん》、是れなり。

空海はまずこの偈に対して、「六大能く四種法身と曼荼羅と及び三種世間とを生ずることを表す」と示している。阿字が能生というのではなく、阿字＝六大すなわち法界体性が能生であることをはっきり示している。阿字を開けば六大になり、六大＝法界体性は阿字に収まることは、融通無礙でいくらでも言えることであろう。いずれにせよ、ここに空海の独自の解釈がある。

一方、所生として、四種法身と曼荼羅と三種世間とを挙げているが、すでに四種法身（諸仏、随類形）や三種世間（智正覚世間・衆生世間・器世間）がそこに含まれていることはたやすく理解されると思われる。曼荼羅とは、大曼荼羅・三昧耶曼荼羅・法曼荼羅・羯磨曼荼羅の四種曼荼羅が念頭に置かれているのである。この四種曼荼羅については、後（本書二四〇頁以降）に説明したい。

先に、ここの終わりの方に出る随類形の解釈を見れば、「所生の法なり」という。こうして、随類形の語は、以上のすべての所生を指す。そこで、偈の訓《よ》み方としては、「随類形と」ではなく、「随類形の」という訓み方になるわけである。

まず、諸法は心法、法相は色法だという。この心法・色法は、並列・相対するものではなく、心法（心王・心所有法）の相分（法相）としての色法と解するのが仏教教理に整合的である。

また、諸法は通名、法相は差別を表すという。いわば、諸法では世界のすべてをまとめて表しており、法相としては、諸仏・声聞・縁覚・菩薩・衆生、器世間を別出しているという。

また、諸法と法相において四種曼荼羅を意味しているという。諸法が法曼荼羅であるといい、法相は三昧耶曼荼羅だという。なお、諸仏・菩薩等は大曼荼羅であり、器世間が三昧耶曼荼羅である。羯磨曼荼羅はそれらの作用であるから、特に明示されていないもののこれらに含まれていると見る。このようにして、四種曼荼羅をここに見ることができる。

また諸仏・菩薩・縁覚・声聞は智正覚世間、衆生は衆生世間、器世界は器世間として、諸法の法相に三種世間を読むこともできる。

なお、諸法と法相等に対し四種法身をどう読むかについて空海はここに説明していないが、『秘蔵記』には如来発生偈をめぐる問答があり、その回答によると、「諸法与法相」は自性身、「諸仏」は受用身、「声聞・縁覚・菩薩・仁尊」は変化身、「衆生」は等流身だという（定本第五巻、一六一頁）。

こうして、この偈の理解に重要なことは、六大実は仏の理智不二の本体（法界体性）が能生（真義は一切の現象世界の本性）であること、および一切の諸仏諸尊（四種法身）、衆生、器世間等がその所生であることを読むことと言えよう。

この了解を、次に引用する第二の教証につなげて、また能生は六大、所生が四種曼荼羅等であることを強調する。

真言者の観行

故に次に又た言く、秘密主、曼荼羅聖尊の分位《ぶんに》と種子《しゅうじ》と幖幟《ひょうじ》とを造ること有り。汝、当《まさ》に諦《あきら》かに聴くべし、吾れ今演説せん。即ち偈を説いて曰く、
真言者、円壇《えんだん》を先ず自体に置け、足自《よ》り臍《ほぞ》に至るまでを、大金剛輪《だいこんごうりん》と成す。此れ従《よ》り心に至りては、当《まさ》に水輪を思惟すべし、水輪の上に火輪なり、火輪の上に風輪なり、と。
謂く、金剛輪とは、阿字なり。阿字は即ち地《ち》なり。水火風は文《もん》の如く知るべし。円壇とは、空なり。真言者といっぱ、心大《しんだい》なり。長行《ちょうごう》の中に謂う所の聖尊《しょうそん》とは、大身《だいしん》なり。種子とは、法身なり。幖幟とは、三昧耶身なり。羯磨身とは、三身に各各之を具せり。具《つぶさ》に説かば、経の文に広く之を説けり。文に臨めて知るべし。

この第二の教証は、『大日経』「秘密曼荼羅品」からである。

この偈は、真言の阿闍梨が曼荼羅を造立する時に、その前に修すべき観行の内容を示したものである。

先に偈の内容を見るが、初めに、真言の阿闍梨は、円壇すなわち観ずべき曼荼羅を自身の身体に置くように、という。その際、じつは曼荼羅の諸尊を直接、観じるのではなく、諸尊の依処である五輪（地輪・水輪・火輪・風輪・空輪）を観じるのである。密教では、世界が五輪によって構成されているとの見方もあるからである。もちろん、その五輪とは、象徴であり、主たる意味はむしろ世界そのものなのであろうが、密教ではその象徴を観察して世界そのものを体得していくのである。

その様子であるが、身体の下の方から、まず足より臍までに、金剛輪つまり地輪を置く。臍より胸までには、水輪を置く。その上に、火輪を置く。さらにその上に風輪を置く。こうして、自己の身体に五輪を観じる行をおこなうのである。これを五字《ごじ》厳身観《ごんじんかん》もしくは五輪成身観というのである。もっとも、ここに空輪がないが、『大日経疏』の釈によれば頂上の一点とされているという（吉祥、七一頁）。

さて、本来このように理解される句に対して、空海は独自の解釈を施していく。「金剛輪とは、阿字なり。阿字は即ち地なり。水火風は文の如く知るべし」は、上述の説明で理解はたやすいであろう。次の、「円壇とは、空なり。真言者といっぱ、心大なり」は、空海独特の解釈である。まず、空輪に関して、『大日経疏』に「此れこの輪形は正しく身分と相い称うなり」とあるので、自体に置かれた円壇を空大と見たとも考えられる。吉祥は、「地水火風の四輪は虚空中に住するので、四輪の住する円壇を空輪とされた」と説明している（吉祥、七一頁）。次に真言者は観じる主体なので、心大（識大）と見てよいであろう。ただし吉祥は、「五大の住する所なので識大」だと言っている（同前）。ともあれこの解釈によって、たしかに真言者の観行において六大が説かれているものと理解されうる。

今、この箇所に関する『大日経疏』の説明と、空海の解釈とを対照させて、以下示しておこう。

	空海		『大日経疏』
円壇	空輪	空大	
臍まで	地輪	地大	地輪
胸まで	水輪	水大	水輪
喉まで	火輪	火大	火輪
頂まで	風輪	風大	風輪

頂上　　　　　　　空輪
真言者　　　識大

しかしながら、これらの六大はどのように四種法身や四種曼荼羅等を生むのであろうか。空海によれば、この観行が、引用の最初にあった「曼荼羅聖尊の分位と種子と幖幟とを造ること」になるわけで、故に六大は能生、世界が所生と言いたいようである。空海はその所生のなか、聖尊の分位が大曼荼羅、種子が法曼荼羅、幖幟が三昧耶曼荼羅であり、羯磨曼荼羅はそれら三つの曼荼羅に具わっているから、ここに四種曼荼羅が言われているとする。こうして、六大に基づく観察が四種曼荼羅を造ることを経典も説いている、すなわち六大が四種曼荼羅を生じることを説いているというわけである。なお、詳しくは、『大日経』をよく参照せよともある。

「広大の見非見の果」

これを受けて、六大が世界を生じること（じつは法界体性と一切の現象とが不一不二であること）の教証を、さらにもう一つ引用する。第三の教証である。

又た曰く、大日尊の言わく、金剛手、有らゆる諸の如来の意より作業と喜戯《きぎ》と行舞《ぎょうぶ》とを生じて、品類を広演せり。四界を摂持し、心王《しんおう》に安住せり。虚空に等同にして、広大の見非見《けんひけん》の果《か》を成就し、一切の声聞・辟支仏《びゃくしぶつ》・諸の菩薩の位を出生《しゅっしょう》す、と。此の文は何の義をか顕現する。謂く、六大の一切を能生することを表すなり。何を以てか知ることを得《う》。謂く、心王とは識大なり。摂持四界とは四大なり。等虚空とは空大なり。此の六大は能生なり。見《けん》・非見《ひけん》とは欲色界と無色界となり。下は文の如し。即ち是れ所生の法なり。

この第三の教証は、『大日経』「悉地出現品」からで、「諸の如来の意より作業と喜戯と行舞とを生じて、品類を広演せり」とは、諸の如来が衆生救済の意のもとに種々の示現を展開することを説くものである。

その様子が、さらに重ねて示される。四界は、地・水・火・風の四界のことで、一般的には、物質界であろう。環境世界と身体とも言いうる。これらを統括（摂持）しているのが心王であり、その心王は虚空のように一切を包容してそのことに何の妨げもない。したがって、心が虚空のようというのが直接の意味であろう。以上が『大日経』の本文のひとおりの内容である。

空海はこの文にも、「六大の一切を能生することを表す」と、六大が能生、一切の世界が所生と見ていく。これまた独自の解釈である。心王が識大、四界は地・水・火・風の四大、虚空に等同が空大で、その四界は心王（識大）に住している四大であるとみなし、しかも虚空（空大）と同等である。この全体としての六大が能生の位置にあり、具体的な世界を生むと解釈するのである。

そのうえで、それより生じたもの（所生）を「広大の見非見の果を成就し」が示しているとする。その内容について空海は、「見・非見とは欲色界と無色界となり」といって、いわば世間の三界のすべてのこととしている。これ以上、空海は説明を施さず、経文に任せているが、空海にしてみれば、この「広大の見非見の果」に六大により生じた四種法身や三種世間等を読み込むべきだと言いたいのであろう。こうして、この『大日経』の文もまた、六大が能生であり、世界のあらゆる現象が所生であることを証明しているというのである。

なお、ここの「諸の如来の意」において、すでに六大が示されているとの解釈もありうる。諸の如来は、五仏に摂することができ、故に五大である。意は識大なので、「諸の如来の意」は六大だというのである。

「六大を説いて法界体性と為す」

以下、これら六大＝法界体性が能生、四種法身・三種世間等が所生であることについての、三つの教証についてのまとめである。

此の如くの経文は皆な六大を以て能生と為《し》、四法身・三世間を以て所生と為《す》。此の所生の法は、上は法身《ほっしん》に達《いた》り、下は六道《りくどう》に及んで、粗細隔《へだ》て有り、大小差有りと雖《いえど》も、然《しか》も猶お六大を出でざるが故に、仏、六大を説いて法界体性《ほっかいたいしょう》と為す。

この箇所の意味は理解しやすいであろう。「上は法身に達り、下は六道に及んで」とは、仏教で考えている世界、地獄・餓鬼・畜生・修羅・人間・天上・声聞・縁覚・菩薩・仏の十界のすべてということである。そこには粗・細、大・小、種々さまざまな現象が存在しているがそのすべては、六大を出ないという。この六大について空海はここに、じつは法界体性であると念を押すのである。

『大日経開題』「法界浄心」には、「即身成仏頌」を引用する前に「阿等の六字は法界の体性なり。四種法身と十界の依正とは皆な是れ所造の相なり。六字は則ち能造の体なり。能造の阿等は法界に遍じて相応し、所造の依正は帝網に比して無礙なり」（本書一五七

〜一五八頁）というのであったが、それは、以上の内容を簡潔にまとめたものとなっている。阿等の六大は法界体性で能造の体である。帝網（インドラ網）のように無礙なのは、所造である十界の依報・正報、すなわち現象の一切のほうなのであって、六大ではないのである。この趣旨は、『大日経開題』「関以受自楽」においてもまったく同様である（本書一五八頁参照）。

物質と心は別物ではない

諸の顕教の中には四大等を以ては非情と為す、密教には則ち此れを説いて如来の三昧《さんま》耶身《やしん》と為す。四大等、心大を離れず、心色異なりと雖《いえど》も、その性《しょう》即ち同なり。色即心、心即色、無障無礙《むしょうむげ》なり。智即境、境即智、智即理、理即智、無礙自在なり。能所の二生《にしょう》有りと雖も、都《すべて》能所を絶えたり。法爾にして道理なり。何の造作《ぞうさ》か有らん。能所等の名も皆な是れ密号なり。常途《じょうず》の浅略《せんりゃく》の義を執して種種の戯論《けろん》を作《な》すべからず。

地大・水大・火大・風大の四大、さらには空大を含めた五大は、顕教では物質界を構成する元素のことという。これらは心を持たないので非情とされる。しかし密教では、一見、物質界を示すと思われる五大は如来の三昧耶身であると説く。要は、世界は仏身にほかならないということである。

以下、色法（物質）と心とは別物ではないことが説かれていく。「四大等、心大を離れず、心色異なりと雖も、その性即ち同なり。色即心、心即色、無障無礙なり」。この「その性即ち同なり」は、大乗唯識でも変わらない。一切法の法性＝空性＝真如においては、平等無差別である。その意味で、色心のあいだにおいては「無障無礙」でもあろう。「智即境、境即智、智即理、理即智、無礙自在なり」は、日常の識が覚りの智慧に転じたところでの表現になろうか。理は、無分別智と不二一体の真如のこと、境は、後得智の対象と見てよい。境に理を含めてもよいし、理に真如のみでなく、諸行無常、諸法無我等の道理を含めてもよいであろう。後得智の境はその智の相分である。ただし、ここの境と理の差異は、因位の修行時代と果位との違いという解釈が一般的である。いずれにしても、じつに「性即ち同」という事態によって、無礙自在なのである。

注意すべきは、次の一節である。「能所の二生有りと雖も、都《すべて》能所を絶えたり。法爾にして道理なり。何の造作か有らん。能所等の名も皆な是れ密号なり。常途の浅略の義を執して種種の戯論を作すべからず」。ここはもはや、あえて説明する必要もないであろう。六大と世界のあいだに能所はもとより無いのであり、にもかかわらず能所を言ったのは、密教的表現からなのである。「法爾にして道理なり。何の造作か有らん」とあるのがやや理解がむずかしいかもしれないが、能所を絶するという真実は人間の分別で変えることもできない、動かせない真実なのだというのであろう。ともかく、この本来、能所はない、しかし六大＝法界体性と一切の現象とはまた厳然として差異もある、ということをじゅうぶんによく了解して、故に能生の六大と所生の世界とは不一不二の関係にあるはずであり、この立場からもう一度、これまでの議論をかみしめてみるべきである。

無数の身が無礙に「互相に渉入し相応」していること

是の如きの六大の法界体性《たいしょう》所成《しょじょう》の身《しん》は、無障無礙にして、互相に渉入《しょうにゅう》し相応《そうおう》せり。常住不変にして、同じく実際に住す。故に頌《じゅ》に、六大無礙常瑜伽と曰う。無礙とは渉入自在の義なり。常とは不動、不壊《ふえ》等の義なり。瑜伽とは翻じて相応と云う。相応渉入は即ち是れ即の義なり。

以上をふまえて、「即身成仏頌」の初句、「六大無礙にして常に瑜伽なり」の意味が最終的に明かされる。まず六大は、以上に説明した本不生等の意味での六大であり、法界体性そのものである。無礙なのはその六大＝法界体性によって成るところの身であるとあるのが重要である。じつに、「六大無礙常瑜伽」の常瑜伽なるものは、六大そのものではなく、六大所成の身であったのである。あるいは、「六大無礙常瑜伽」の六大は、単なる六大ではなく、六大（＝法界体性）所成の身の省略形でなければならないのである。

前に見た、「即身成仏頌」を引く『大日経開題』（の両者）においても、「所造の依正は帝網に比して無礙なり」とあった（本書一五八頁参照）。無礙なのは、能造の六大ではなく所造の器世間（依報。環境）や衆生世間・智正覚世間（正報。身心の個体）なのである。空海はその所成に関して、四種法身、四種曼荼羅（三密）、三種世間（依報と正報）等のことと示していた。要は一切現象世界そのもののことである。ただし、唯識思想的に言っても、人人唯識で、器世間も含めそれらは、各一個の身に具わっているものであり、結局は各身に帰属することになる。ゆえに身の中に、身心の個体と環境世界が含まれると読むべきである。そこで『大日経開題』のように、それらをまとめて「所造の依正」という表現にもなる。いずれにせよ無礙なのは六大ではなくその所成の身等の方なのである。

こうして、第一句の「六大無礙常瑜伽」とは、六大所成すなわち法界体性所成の身を簡潔に人人《にんにん》と見て、法界体性と一体（能所無し。ただし不一不二）の各人が、無礙に渉入しあっているすがたを描いているのだということになる。くどいようだが「六大無礙常瑜伽」

は、けっして「六大は無礙で〜」というのではない、「六大所成の身は無礙で〜」と読むべきなのであり、その六大とは法界体性のこと、所成の身とはそれを本性としている各人（の依正。仏も含む）のことなのである。その無数の身が無礙に「互相に渉入し相応」していることを、その句は謳っているのである。それが空海の「六大無礙常瑜伽」の解釈の結論である。あるいはもともとこのことを意図して、「六大無礙常瑜伽」の句を作っていたのである。ここをじゅうぶんわきまえるべきである。

空海は、まだもう少し、説明を加えている。「無礙」の意味は、「渉入自在の義」とある。華厳思想にいう相入相即自在無礙のことであろうし、それはたしかに、法界体性そのものより、その所成の身においてのほうがふさわしいであろう。「常」とは、不動、不壊等の義とあるが、やはり法界体性と現象との不一不二のあり方についていったものと解するのがよいと考える。または現象の一つひとつが実体的存在として固定的であることはありえないから、やはりその空・無自性にして不生不滅であり、本来寂静、自性涅槃（『摂大乗論』）の変わらない特質をいうものとも解せよう。

「瑜伽」なりの意味も、相応のことで、相応とは渉入のことだという。いわば無礙のことをもう一度、述べたかのようである。こうして、第一句の「六大無礙にして常に瑜伽なり」とは、華厳思想の説く事事無礙法界を人人無礙において見た世界が、本来的には真実の世界であることを言うものである、と解説したわけである。
ここの最後に、以上を受けて、「無礙常瑜伽」の内容である「相応渉入」が、「即身成仏」の「即」の意味であるという。この解釈、この説明はきわめて重要であり、見逃すべきではない。即身成仏の即は、身に即しての意の即でも即座にの意の即でもなく、法界体性と不二一体にして、しかも他のあらゆる身と相入相即している身（自己）ということを意味しているのだというのである。つまり「即身」とは、他身との「相応渉入身」だというのである。このことは、「即身成仏頌」の第四句、「重重帝網のごとくなるを即身と名づく」とぴったり照応している。この第一句において、すでに第四句の内容を先取りして明かしていたのである。とすればこの即の一字、軽々に了解すべきではないのである。

以上により、「即身成仏頌」の第一句「六大無礙常瑜伽」の解説が終了した。最終的に、このことを十全に述べれば、「本不生等、六つの性質を持つ法界体性に基づいて成立している各身（身心の個体と環境）は、無障無礙にして常に互相に渉入相応している」ということなのである。もう一度、その解説の脈絡の骨子をふりかえれば、まず、六大は、本不生等のことで、それはすなわち法界体性のことなのであり、ここに体の意味がある。次にそれは、あらゆる現象と能造・所造の関係にあることが明かされるが、と同時にこの両者の関係はじつは能・所の二元的な関係ではありえず、一体（実には法性と法のように不一不二であるべき）であることが示される。そういう構造を持つ、ありとあらゆる現象が帰着すべき各身は、相互に渉入相応しているのであって、そのことを表すのが「即身」である、ということなのである。

第八章　三密加持の実相――『即身成仏義』を読む　三

「四種曼荼各離れず」

本章では、「即身成仏頌」前半の第二句から第四句までを読むこととする。まず、第二句、「四種曼荼各離れず」の説明である。

四《し》種《しゅ》曼荼《まんだ》各不離《かくふり》とは、大日経に説《と》かく、一切如来に三種の秘密身有り。謂く、字・印・形像《ぎょうぞう》なり、と。字とは法曼荼羅なり。印と謂うは、種種の幖幟《ひょうじ》、即ち三昧耶曼荼羅なり。形《ぎょう》とは相好具足《そうごうぐそく》の身、即ち大曼荼羅なり。此の三種の身に各威儀《いいぎ》事業《じごう》を具せり、是れを羯磨《かつま》曼荼羅《まんだら》と名づく。是れを四種曼荼羅と名づく。

「即身成仏頌」前半の第二句は、「四種曼荼各離れず」であった。空海はこのなか、まず四種曼荼羅について説明し、後に「各離れず」について説明する。四種曼荼羅の説明においては、初めに『大日経』の文を引き、その後に『金剛頂経』の句を引用している。

初めの『大日経』の教証として、「一切如来に三種の秘密身有り。謂く、字・印・形像なり」と、簡潔に示されている。

如来の身を秘密身というのは、凡夫衆生には容易にうかがいえないものであるからなのであろう。如来があえて衆生にはその本姿を明かさず、隠しているということもあるかもしれない。

しかし典拠となる『大日経』の文自身は、「本尊三昧品」に、「秘密主よ、諸尊に三種の身有り。謂わゆる、字・印・形像なり」とあって、特に秘密身の語は見られない。ここに秘密身とあるのは、空海がその意を汲んで補ったものであろう。

空海はこの経文に対し、まず字とは「法曼荼羅なり」という。曼荼羅とは輪円具足で、いわば全集合のことと了解すべきである。これを絵図に表したものも曼荼羅であるが、絵図が曼荼羅なのではなく、本来、曼荼羅の原意は、一切の集合体のことと見るべきである。身には聚集の意味があるので、それはただちに曼荼羅を意味すると解して問題ない。よって法曼荼羅とは、教法の全集合という意味になる。教法には、所説法《しょせつほう》（言葉で説かれた教え）と所証法《しょしょうほう》（言葉による表現以前の真理そのもの）とが含まれうるが、要は教法にかかわる言語のすべてである。

次に印とは「種種の幖幟、即ち三昧耶曼荼羅なり」とある。諸仏諸尊の持ち物である刀剣や蓮の花や五鈷杵《ごこしょ》やらの全集合ということになる。これらは、諸仏諸尊の本誓を象徴するものであり、その集合とは、むしろ本誓の全集合、衆生救済の願いの全集合ということになろう。それが三昧耶曼荼羅なのである。

次に形像とは、「相好具足の身、即ち大曼荼羅なり」という。仏には、三十二相八十種好が具わるというが、そういう姿・形の全集合としての大曼荼羅のことという。形像をなぜ大というかというと、五大の大であるとの説がある。五大は色や形と関係している。もしくは大によって、諸仏諸尊の各々の身体の全体を意味するともいう。一般に、金剛界・胎蔵界の両界曼荼羅において描かれた、諸仏諸尊の各身が規則的に配置された曼荼羅絵図は、この大曼荼羅を絵に表現したものである。大乗仏教においては、相好具足は、修行の功徳に智の資糧と福の資糧とがあるなか、福の資糧を積むことで成就するとされている。

さらに、「此の三種の身に各威儀事業を具せり、是れを羯磨曼荼羅と名づく」とあり、以上の三種の全集合にそれぞれのはたらきがある、そのすべてが羯磨曼荼羅であるという。羯磨とは、カルマンの音写、行為とか作用の意味である。一般に仏教で威儀というと、四威儀のことで、行《ぎょう》・住《じゅう》・坐《ざ》・臥《が》を意味する。つまり日常生活のなかの行動のことである。事業もあわせて、はたらき全般と見ればよいであろう。教法や身体のはたらきは理解しやすく、持ち物のはたらきも、刀剣は煩悩を断つとか、それぞれのはたらきは想像に難くないであろう。それ以前に、本誓そのものに衆生救済の仏事を発揮する活動の根源がある。

こうして、『大日経』の「諸尊に三種の身有り。謂わゆる、字・印・形像なり」の句に、法・三昧耶・大・羯磨の四種曼荼羅が説かれていると見るわけである。

このなか、大曼荼羅は、身体の姿を意味している。法曼荼羅は、言語の世界を意味している。三昧耶曼荼羅は、じつは本誓、つまり意思を表現している。羯磨曼荼羅において、それらがしかも作動しているのである。したがって、四種曼荼羅は、如来の身・語・意の三密（衆生で言えば、三業）の別様の表現と見るべきである。如来には、三密の無数のはたらきがあるであろう。

以上で、如来もしくは諸尊には、四種曼荼羅があることは理解できたであろう。要は、如来には無限・多彩の三密の活動が具わっているということである。『秘蔵宝鑰』にも、「大綱序」と言われる部分のなかに「四種の曼荼は法体に住して駢塡《へんてん》たり」（定本第三巻、一一四頁）という重要な文句がある。駢塡とは、ならび満たされていること、法体（法界体性）に具わっているというその曼荼羅が、絵であるはずもないであろう。問題は、こうした四種曼荼羅つまり三密が、各不離であるということは、具体的にどういうことなのかであるが、その解説は最後にあり、次に『金剛頂経』から見た四種曼荼羅が説明される。

四種曼荼羅とは

若し金剛頂経の説に依《よ》って四種曼荼羅を説かば、一には大曼荼羅、謂く、一一の仏菩薩の相好の身なり。又た其の形像を綵画《さいえ》するを大曼荼羅と名づく。又た五相《ごそう》を以て本尊の瑜伽を成ずるを、又た大智印と名づく。二に三昧耶曼荼羅というは、即ち所持の幖幟《ひょうじ》、刀剣、輪宝、金剛、蓮華等の類《たぐい》是れなり。若し其の像を画《え》するをも、亦た是れなり。又た二手《にしゅ》を以て和合し金剛縛《こんごうばく》して成印を発生《ほっしょう》する、是れ亦た三昧耶智印と名づく。三に法曼荼羅は本尊の種子真言《しゅうじしんごん》なり。若し其の種子字、各本位に書する、是れなり。又た法身三摩地と及び一切の契経《かいぎょう》の文義《もんぎ》等をも皆な是れ亦た法智印と名づく。四に羯磨曼荼羅というは、即ち諸仏菩薩等の種種の威儀事業《いいぎじごう》等なり。若しは鋳《ちゅう》、若しは捏《ねっ》等をも亦た是れ亦た羯磨智印と名づく。

『金剛頂経』の説というのだが、特に特定の経典が指摘されてはいないのが実情である。吉祥は、『金剛頂』部の経軌によって、四種曼荼羅を説明するのであり、特に大本の『金剛頂経』に四種曼荼羅が説かれていることが『金剛頂経瑜伽十八会指帰』によって知られるという。このほか、『般若理趣釈』、不空三蔵の『陀羅尼門諸部要目』に出るものが吉祥の講説に紹介されている（吉祥、八七頁）。

　空海のここの解説は、特にむずかしいことはないであろう。それぞれ、曼荼羅には、本来の全集合そのものと、その絵図における表現と、少なくとも二種類があることが指摘されている。さらに、この曼荼羅を決定して体認する智慧の側に着目した時は、智印というのであり、大曼荼羅の智印は、大智印である。特に、「又た五相を以て本尊の瑜伽を成ずる」とあるのは、五相成身観において本尊の観察を遂行する際の、観察の対象とする尊形も大曼荼羅の一つであり、これを決定して体認するのは大智印である。智印とは、「行者が智観を以て開見し印現した」ものをいうとある（小田、九〇頁）。要は、四種曼荼羅が、心のなかに認知されたものといえよう。

　三昧耶曼荼羅における幖幟（しるし、象徴）として、ここでは具体的に、「刀剣、輪宝、金剛、蓮華等」とやや詳しく例示されている。刀剣は羯磨部、輪は仏部、宝は宝部、金剛は金剛部、蓮華は蓮華部の諸尊の持ち物の代表である。その全集合とその絵図化、さらには三昧耶智印については、前と同様である。あるいは、行者が両手を組み合わせて金剛縛の印を結び、そこからまた種々の印を組んで観行を成就するのも、三昧耶智印の一種である。

　法曼荼羅は、本尊の種子（種字）真言の集合と説明している。また、種字を書いた曼荼羅をも法曼荼羅という。この種子の意味については、前に見ておいた。ここは文字なので、画するではなく、書すると表現されている。ただしこの法には、種字だけでなく言句としての真言から、ひいては教法まで含めて考えるべきである。というのも、「又た法身三摩地と及び一切の契経の文義等をも皆な是れ亦た法智印と名づく」と、如来法身の三摩地すなわち内証の法（所証法。真理）および顕教・密教の一切の経典の言葉と意味（所説法）のすべてが法曼荼羅の法に含まれると言っているからである。

羯磨曼荼羅については、「即ち諸仏菩薩等の種種の威儀事業等なり」とある。「威儀事業」とは、前にもいったとおり、種々のはたらきのことである。「若しは鋳、若しは捏等をも亦た是れ亦た羯磨智印と名づく」について、鋳造や彫刻、さらには土をこねて作られた塑像等の仏像等を本尊および眷属としてそれぞれの位置に安置するのは、絵図の曼荼羅等ではなく立体曼荼羅のことであり、羯磨曼荼羅ではこれが示されている。

この「四種曼荼各不離」の句は、体・相・用の相を表すとされていた。本来、この相は属性のことで、性質、特質を意味するものである。しかしここに羯磨すなわち用も説かれていることになるが、その点はどう理解すべきであろうか。一つは、羯磨といえども、具体的にはたらくわけではなく、その能力を有していることを示すのみのものである、という解釈がある。この時、ここでの相は、潜在的な性能をも意味すると受け止めることができよう。あるいはむしろ、第二句に対して注記されたこの相を、属性・性質のみと厳格に考えなくてもよいのかもしれない。前にも述べたように、この「即身成仏頌」においては、体に体・相を含み、相に相・用を含んでいて、やや前にずれこんでおり、あるいは総合的である。理智不二の立場からは、体・相・用の理解もこのようにならざるをえないのであろう。

相互に不離・無礙であるということ

是の如きの四種曼荼羅、四種智印は、其の数無量なり。一一の量、虚空に同なり。彼れ此れを離れず、此れ彼れを離れず。猶《なお》し空と光との無礙にして逆《さか》えざるが如し。故に四種曼荼各不離と云う。不離は即ち是れ即の義なり。

「即身成仏頌」第二句は、「四種曼荼各離れず」とあるのであったが、ここからは各不離の説明である。まず、上述の四種曼荼羅あるいは四種智印は、その数、無量であるという。その数無量とは、いのちの特性、はたらきは無限に展開していくのである。そこにおいて、「彼れ此れを離れず、此れ彼れを離れず。猶し空と光との無礙にして逆えざるが如し」という。ここで、「彼れ」と「此れ」をどう読むべきなのであろうか。

この解説をすなおに読めば、四種曼荼羅の各々が相互に離れないということが考えられる。それぞれ無量の曼荼羅が、しかも適宜二つのあいだで、あるいは三つのあいだで、さらには四つすべてのあいだで、相互に離れず、それこそ浸透しあっていて、重重無尽の縁起をなしつつ連動している、ということが考えられる。

では、「猶し空と光との無礙にして逆えざるが如し」の譬《たと》えは、どういうことなのであろうか。空は虚空のことで、無礙にして包容していることをいう。光は千灯を一つの場所においても、妨げあうことがなく相互に浸透しあって一つの光になることをいうのであろう。いずれにせよ、ここはただ相互に無礙にして妨げあうことがないことを読めばよいのだと考えられる。

ただし、ここは、如来法身の「相」を明かすところなのであった。また、『秘蔵宝鑰』のなかには、「四種の曼荼は法体に住して駢填たり」という句があるのであった。四種曼荼羅は、事実上、三密であり、それは各如来の本体を離れないことも事実であろう。そのうえで、四種曼荼羅が相互に渉入しあっていることも事実であろう。一方、空の無礙にしては虚空のことだとすれば、如来の虚空のような本性に四種曼荼羅が所属していて、それらのあいだに障害はないことも理解できる。「空と光との無礙にして」の光は、三辰の光すなわち日・月・星を意味するという解釈もあり、それはさまざまな現象ということになるので、その理解は諸現象が空なる法界体性に住しているのにふさわしいことにもなる。

そこで、まずは四種曼荼羅がそれぞれ本性に不離であること、つまり各々の曼荼羅は、法界体性と不離であることの意で、各不離と表現されたと見ることができ、しかもそのことをふまえて、四種曼荼羅は相互のあいだで浸透しあい、連動しあっていることも、各不離で説かれていると見ることができよう。

その双方を含んで、各不離と言われたと解釈することができる。この第二句の実情を勘案すれば、そのような解釈になるのが妥当かと思われる。

しかしながら、「六大無礙常瑜伽」は、じつは「六大法界体性所成の身は常に無礙に渉入相応している」ことなのであった。四種曼荼羅が結局、三密にほかならないとき、それは各個の仏身に帰属することになる。そこで、「四種曼荼各不離」とは、各仏身が渉入相応しているなかで、その各身に四種曼荼羅（三密）があって、それらが相互に不離・無礙であることを表したものと理解できる。おそらく事態としてはこのほうが、正解だと思われるのである。このとき、この句は、次の句の解説に出る、「一一の尊等に刹塵の三密を具して、互相に加入し、彼れ此れ摂持《しょうじ》せり」という説明に、スムーズにつながることにもなる。

以上を意味して、「即身成仏頌」の第二句に、「四種曼荼各離れず」と示されたのである。しかもこの離れずということが、即であるという。即くは、つくと読める。したがって、即身成仏の即身とは、相互に相即相入しあう諸仏のある一仏（身）には、他の諸仏の三密と不離相即の三密が具わっており、凡夫でもその同じまさに無量の三密をじつは本来、具しているこの身において、すでに成仏している、ないし、だからこそ成仏しうるの意と解すべきなのである。

三密という仏の行為

次には、第三句、「三密加持して速疾に顕る」の説明である。

三密《さんみつ》加持《かじ》速疾《そくしつ》顕《けん》というは、謂く、三密とは一には身密《しんみつ》、二には語密《ごみつ》、三には心密《しんみつ》なり。法仏の三密は甚深微《じんじんみ》細《さい》にして、等覚十地も見聞《けんもん》すること能《あた》わず、故に密と曰う。一一の尊等に刹塵の三密を具して、互相に加入し、彼れ此れ摂持《しょうじ》せり。衆生の三密も亦た復た是の如し。故に三密加持と名づく。

まずは三密の説明である。ここでは、身密・語密・心密と示されているが、心密はふつう、意密と言われるものである。仏教では衆生の行為（業）について、身・語・意の三業と、その三方面から見ている。しかし密教では、仏の行為を三密と呼ぶ。なぜ業と言わずに密と言うかといえば、それは、一般の衆生はもちろん、大乗仏教で相当高位に上った菩薩でも見聞することはできないからという。この空海の説明のなか、法仏の三密とある。ここの法仏は、必ずしも自性身に限定されず、四種法身（自性身・受用身・変化身・等流身）を意味すると解釈することもよいであろう。その立場であれば理解しやすい。

等覚・十地は、大乗仏教（顕教）において、十信・十住・十行・十廻向・十地・等覚・妙覚の五十二位の修行の階梯において、仏の一つ手前ほどの高位（等覚。一生補処の位ともいう）の菩薩やすでに無分別智・後得智を実現（初地）してさらに修行を重ねている（十地の）菩薩ということである。しかしここの意味は、十地＝天台宗、等覚＝華厳宗等の顕教の修行により仏と成ったものでも見聞できないということが言われているのであり、顕教においても修行を果たして仏と成れば知ることができるというわけではないと示しているのである。そのように、密教の法身仏のはたらきは、他にはうかがいしれない世界なので、密というとの説明である。

吉祥は、この三密に、無相の三密と有相の三密とがあることを指摘している。仏においては、一定の相を取らなくてもすべての行為が真実そのものだというので、無相の三密というのである。これに対し、後に出るように、身に印を結び、口に真言を唱え、心は三摩地に住するのは、一定の型を取るもので、有相の三密である。また、衆生にも四種法身が内在していて、そこに仏の三密がはたらいているとき、仏と衆生の区別はなくなる。そこで仏の相も衆生の相もないということで無相の三密と言われるとのことである（以上、吉祥、九三〜九四頁）。

水平の加持・垂直の加持

如来の三密についての基本的な説明がなされた後、簡潔に三密加持についての説明をおこなっている。「一一の尊等」とは、密教の修行を果たして成仏したそれぞれの者が基本であろう。誰もが大日如来となり、四種法身を成就するのである。その誰もが、等しく、刹塵、すなわち国土を塵にすりつぶしたその塵の数ほど莫大な量の三密を具えているという。

その一人ひとりの仏の三密が、「互相に加入し、彼れ此れ摂持」しているという。他の仏の三密に入り込んでそのはたらきを増強し、他の三密を受け入れて支えている、というのである。この加入・摂持から、加持ということの内容を明かしているわけである。なお、『大日経開題』「法界浄心」にも、「加は往来渉入を以て名と為し、持は摂して散漏せざるを以て義を立つ」とある（定本第四巻、八頁）。

ここでの三密加持は、諸仏間における、衆生救済の活動の相互の連携とそのことによる相乗効果の発揮ということになると思われる。これを水平の加持と呼んでおく。なお、第四句、「重重帝網のごとくなるを即身と名づく」の説明の最初には、「是れ則ち譬喩を挙ぐ。以て諸尊の刹塵の三密の円融無礙《えんにゅうむげ》なることを明かす」とあるが、ここにも諸仏諸尊の三密の「互相に加入し、彼れ此れ摂持」している姿が想定されていよう。

ところが、衆生の三密もまったく同様であるという。本来、衆生の行為は三業と呼ばれるもので、三密がなされるとは思えないが、衆生の本体が六大（不生・自性清浄・離言説等）の法界体性で、そこに仏智が具わっているとき、衆生には自覚されない三密が作動していることになる。しかも、他者としての如来の三密は、絶えずこの私にはたらいているであろう。こうして、仏の三密と、衆生の三密とのあいだでも、やはり「互相に加入し、彼れ此れ摂持」することは当然である。仏の三密と衆生の三密とも、じつは相互に浸透しあい、たもちあっているのである。ここに垂直の加持があることになる。

こうして、三密加持には、水平の加持と垂直の加持とがあり、その全体をとらえて三密加持というのである。そうであれば、我々衆生は、諸仏合同・連携の働きかけを受けて、自己の三密を育成していくのが、密教の仏道の実相であるということになろう。

このような人間観・世界観をふまえて、いわゆる行者の三密加持の方法が示される。

有相の三密の実践

若し真言行人《しんごんぎょうにん》有って此の義を観察し、手には印契《いんげい》を作って、口に真言を誦《じゅ》し、心、三摩地に住すれば、三密相応して加持するが故に、早く大悉地《だいしつじ》を得《う》。

無相の三密の立場からすれば、日常いつでも仏の三密と相応していると言えないことはない。そこに「法爾加持」というものがある。しかし有相の三密の行を修することによって、より速やかに諸仏と感応道交している自己に気づくことができるであろう。これは「修生加持」という。のみならず、この行法を通じて、「早く大悉地」を体得することができる。「法爾加持」があればこそ、「修生加持」もありうるのである。

手に印契を作し、口に真言を誦することは、理解しやすいであろう。「心、三摩地に住す」るとは、阿字観や月輪観や五相成身観などの、密教の観法を修することであり、具体的には師に就いて学ばなければならない。衆生がこの有相の三密を実践するとき、仏の三密と相応して一体になっていく。この優れた行法によるとき、小悉地ではない、大悉地、すなわちあらゆる徳を具足した大日如来そのものとなるのである。それも「早く」ということは、この世のうちにということでもあろう。ここは、「三密加持して速疾に顕る」の「速疾顕」を説明したものである。

速やかに五智・五仏を実現

なぜこの行法によれば、早く大悉地を得ることができるのであろうか。以下、その教証がいくつか引かれていく。

故に経に云く、此の毘盧遮那《びるしやな》三字の密言は、共に一字にして無異なり。適《たまたま》印・密言を以て心を印すれば、大円鏡智を成じて速かに菩提心金剛堅固の体を獲《う》。額《ひたい》を印すれば応当《まさ》に知るべし、平等性智《びようどうしようち》を成じて速かに灌頂地《かんじようち》の福聚荘厳の身を獲。密語を以て喉を印する時に、妙観察智《みようかんざつち》を成じて即ち能《よ》く法輪を転じ、仏の智慧身《ちえしん》を得。密言を誦して頂《いただき》を印すれば、成所作智《じようしよさち》を成じて仏の変化身を証し、能く難調《なんじよう》の者を伏す。此の印と密言とを由《も》て自身を加持すれば、法界体性智の毘盧遮那仏の虚空法界の身と成る、と。

初めに、『金剛頂経一字頂輪王瑜伽一切時処念誦成仏儀軌』からである。「此の毘盧遮那三字の密言」とは、唵・僕・欠（oṃ bhūḥ khaṃ）のことである。いずれも一字に無量の徳を含んでいる。

吉祥によれば、以下のような対応関係があるという（吉祥、九七頁）。

唵	仏部（三身）	人	身	因	仏	法身
僕	蓮華部（大悲）	理	語	行	法	応身
欠	金剛部（大空智）	智	意	果	僧	報身

「適《たまたま》印・密言を以て心を印すれば」とは、頂輪王の勝身三昧耶の印を結び、この唵僕欠の真言を唱えて、自己の身体の胸の部分を加持すると、ということである。印する、もしくは加持するということも、具体的にどうすることなのかは私には不明であるが、師に就いて学ばなければ知られないであろう。ただし印するところに、意密があるのだと思われる。ともあれ、こうして三密加持すると、「大円鏡智を成じて速かに菩提心金剛堅固の体を獲」るのである。つまり、大円鏡智を実現して、菩提心そのものである金剛堅固の仏身を得、阿閦仏《あしゆくぶつ》を成就するのである。胸には心があり、心は阿頼耶識のことを意味するの

で、この加持によって大円鏡智を得るのである。

また、同様に額の部分を加持すると、平等性智を実現し、灌頂地にいらっしゃる福徳により荘厳された仏身を得、宝生仏を成就する。額は末那識(恒常の我執)と関係が深いのであろうか。また、同様に喉(口)を加持すると、妙観察智を実現し、説法をなす仏の智慧身を得、阿弥陀仏を成就する。また、同様に頭頂を加持すると、成所作智を実現して、変化身を証し、釈迦牟尼仏を成就する。変化身を証すとは、種々の変化身を示現することが可能となることであろう。そのことによって、調伏《ちょうぶく》しがたく、仏道に導き入れることが困難な衆生をもよく摂化するのである。

さらに、この印と密言とをもって、特定の部位ではなく自身の全体を加持すると、法界体性智を実現し、虚空のような法界に広がる毘盧遮那仏の仏身を成就する。こうして、三密加持により、速やかに、五智・五仏を実現するのである。この経文は、まさに「三密加持して速疾に顕る」の教証になっているであろう。

現世に成仏できること

又た云く、法身真如《ほっしんしんにょ》に入って一縁一相《いちえんいっそう》の平等なることを観ぜんこと、猶《なお》し虚空の如く

せよ。若し能く無間《むけん》に専注して修習《しゅじゅう》すれば、現生に則ち初地《しょじ》に入りて、一大阿僧祇《あそうぎ》劫《こう》の福智の資糧を頓集す。衆多《しゅた》の如来の加持する所なるに由るが故に、乃《すなわ》ち十地・等覚・妙覚に至るまで薩《さ》般若《はんにゃ》を具して、自他平等にして一切如来の法身と共に同じく、常に無縁の大悲を以て無辺の有情を利楽《りらく》し大仏事を作す、と。（此の下自《よ》り儀軌の文。）

次に、『成就妙法蓮華経王瑜伽観智儀軌』からの引用である。まず、「法身真如」を観ずるとある。どのような観法かは不明であるが、大乗仏教の法身＝真如は無相平等である。しかし密教では、五字・五大、むしろ六大が真如だともいう。ともあれ、その観法においては、「一縁一相の平等なること」を観じて「猶し虚空の如くせよ」とある。とすれば、虚空のような平等無相を観じることになるのではないかと推察される。ただし何が平等かというと、「一縁一相」とあって、これは一つの能縁・一つの境相、つまり能縁・所縁のことだという（吉祥、一〇一頁）。これは三密においては、自己の三密における主体面と対象面（印・真言・本尊）が、仏のみならず、一切の他者の三密と平等無異であることをいうもののようである。いずれにしても、平等の法性を観じる行法であろう。これは意密のみのようであるが、印や真言もともなうことは否定できず、結局、三密の修習となるはずである。

この行に専念して、間を置かず修行すれば、現生に初地に入るという。密教の初地は、成仏のことであることは、前に見たとおりである（本書一八九頁参照）。「一大阿僧祇劫の福智の資糧を頓集す」とは、要は莫大な福徳と智慧の功徳をすぐにも証得することである。こうして、「三密加持して速疾に顕る」の教証と見るのである。

このように、現生に初地に入ることができるのは、多くの如来に加持されるからであるという。諸仏がともに行者にはたらきかけ、行者はそれを受け止めることから、成仏がすみやかに実現する。「乃ち十地・等覚・妙覚に至るまで」とあるが、前にもいったように、密教では初地で成仏するので、初地以降の階梯は必要ないはずであるが、懈怠《けたい》憍慢《きようまん》の者を教化する方便として、十地等の階梯を経る姿を示すのだという。ともあれ、仏になれば、薩般若すなわち一切智を現成することができるのである。

その智慧のなかには自他平等性を知る智慧の平等性智もあり、さらには一切如来の法身の内証とまったく同等の境涯を得て、成仏以降は常に差別なく無条件の（無縁の）大悲をもって無辺の有情に対し宗教的な苦悩を解決していく偉大な活動（大仏事）を果たしつづけていくのである。仏事とは、衆生救済の活動のことである。

灌頂の儀式

又た云く、若し毘盧遮那仏自受用身《じじゅゆうしん》の所説の内証自覚聖智の法、及び大普賢金剛薩埵の他受用身《たじゅゆうしん》の智に依らば、現生に於いて曼荼羅阿闍梨に遇逢《あ》って、曼荼羅に入ることを得。羯磨を具足せんが為に、普賢三摩地を以て金剛薩埵を引入《いんにゅう》して其の身の中に入る。加持威徳力《いとくりき》に猶《よ》るが故に、須臾《しゅゆ》の頃《あいだ》に於いて当に無量の三昧耶、無量の陀羅尼門《だらにもん》を証すべし。不思議の法を以て能く弟子の倶生《くしょう》の我執《がしゅう》種子を変易《へんにゃく》して、時に応じて身中に一大阿僧祇劫の所集の福徳智慧を集得《じっとく》して、則ち仏家に生在《しょうざい》するに為《な》んぬ。其の人、一切如来の心従《よ》り生じ、仏口《ぶっく》従《よ》り生じ、仏法従《よ》り生じ、法化《ほっけ》従《よ》り生じて、仏の法財を得。法財とは謂く、三密菩提心の教法《きょうほう》なり、と。（此は初めて菩提心戒を授くる時に、阿闍梨の加持方便に由って得る所の益を明かす。）

以下にはまた、『金剛頂瑜伽《こんごうちょうゆが》金剛薩埵《こんごうさった》五《ご》秘《ひ》密修行念誦儀軌《みつしゅぎょうねんじゅぎき》』から、「三密加持して速疾に顕る」の教証となるものを引用している。かなり長い文であり、しかもここは灌頂に関する箇所なので、ふつうは講義されない箇所であり、その細部の詳細を明かすことは不可能である。

なお、灌頂は、本来、太子が国王に就任する時の儀式であり、仏教ではこれを仏と成る時によせて象徴的にいわれてきた。密教では実際にこの灌頂の儀式を、結縁灌頂、受明灌頂（学法灌頂）、伝法灌頂等として、種々おこなうようである。また、実際の儀礼をともなわず、心から心へ、秘密裏におこなうこともあるという（以心灌頂）。なお、灌頂の儀式の際に授法の師となる人を、密教では阿闍梨という。

ともあれ、この文を見ていくが、まず、「毘盧遮那仏自受用身の所説の内証自覚聖智の法」とは、具体的には『金剛頂経』十八会の法（教え）のことである。密教の教法は、法身および自受用身の説法とされていた。次の「大普賢金剛薩埵の他受用身の智」とは、その『金剛頂経』十八会における「五秘密の法」を指す。この二つの句によって、具体的には、『金剛頂瑜伽金剛薩埵五秘密修行念誦儀軌』（以下、『五秘密儀軌』とする）に拠っての説明であることを示したものである。

「大普賢金剛薩埵」とは大普賢なる金剛薩埵の意で、普賢菩薩が毘盧遮那仏の灌頂を受けたのちには、大普賢と呼ばれるという。「他受用身の智」とあるのは、『五秘密儀軌』は、『金剛頂経』の枠組みのなかで、この大普賢が他受用身において説法したものであると言っているわけである。

縁あってその『五秘密儀軌』を学ぶとき、この世において曼荼羅阿闍梨つまり灌頂を授

け て下さる阿闍梨に出会うこともでき、曼荼羅道場に入ることもできる。具体的に、『五秘密儀軌』における曼荼羅とは、五秘密曼荼羅のことで、この曼荼羅を安置する道場に入るということは、五秘密の尊徳に通達し体得することでもあろう。

この灌頂の様子が、以下、説明される。「羯磨を具足せん」とは、密教の戒、三昧耶戒を受ける儀礼をおこなうことである。「普賢三摩地を以て金剛薩埵を引入して其の身の中に入る」とは、阿闍梨が一定の作法の下に、弟子の身中に金剛薩埵を入らせるということであるが、実際には弟子の心中に本来具有されている本性尸羅《しら》(戒体)を顕発させることだという。密教においては、いわゆる戒体は自性清浄心である。

「加持威徳力に猶《よ》るが故に」とは、この灌頂における阿闍梨の加持力によるということであろう。もちろん、その背景に、諸仏の「互相加入・彼此摂持」の水平の加持を受けてということもあるであろう。この威徳力によって、「須臾の頃に於いて」はすぐにもということ、「当に無量の三昧耶、無量の陀羅尼門を証すべし」とは、無量の三昧、無量の陀羅尼、その他測り知れない功徳が得られるということである。

「不思議の法を以て能く弟子の倶生の我執種子を変易して」とは、阿闍梨が不思議法すなわち「三昧耶戒の時に結誦する三密の法」(吉祥、一一三頁)によって、弟子の、この世に生まれるとともに具わっている(倶生)、いわば先天的な断ちがたい我執の種子を変えてしまうという。何に変えるかは、善根の種子、あるいは無漏の智慧の種子に変えると考えるのでいかがであろうか。

では、分別起および倶生の法執のほうはどうなるのかといえば、異なる解釈もあるようだが、少なくともこの灌頂の儀式が満了したときには、倶生の法執も消えているようである。

「時に応じて身中に一大阿僧祇劫の所集の福徳智慧を集得して」とは、灌頂という短時間の時において、密教にいう初地まですなわち仏に成るまでに集めるべき福徳と智慧の功徳を得てしまうというのである。ということは、「則ち仏家に生在するに為《な》んぬ」であって、仏と成るべき家柄のものとなるということであるが、要は仏と成るということである。『菩提心論』には、初地の位について「如来の家に生在す」とある。

「其の人、一切如来の心従《よ》り生じ、仏口従り生じ、仏法従り生じ、法化従り生じて、仏の法財を得」とは、灌頂を受けた弟子が仏家に生まれる、つまりは仏に成るのは、阿闍梨の力によるというより、一切如来の三密による加持力によるのである。「心より」が意密、「仏口より」が語密であり、「仏法より」は身密なのである。「一切如来の」とあるところに水平の加持、「より生じ」とあるところに、垂直の加持を見ることができる。「法化より生じて」は、法身仏の直接の摂化・教化によって、と理解すればよいかと思う。あるいは、以上の三密の教化をまとめてもう一度、述べたというのがよいのかもしれない。「仏の法財を得」とは、その説明に「三密菩提心の教法なり」とある。『五秘密儀軌』において挟註として置かれているものである。説法の財宝を得るということであれば、つまりは勝れた利他の活動の力を得るということなのであろう。その核心は、三密の菩提心に関しての説示だというわけである。ただし、この句の解釈はいろいろありえよう。私としては、一切如来の三密によって、衆生心中の菩提心（衆生の三密）が開発される世界と見たい。これこそ、密教のもっとも重要なことである。

「此は初めて菩提心戒を授くる時に、阿闍梨の加持方便に由って得る所の益を明かす」とは、空海の注釈であって、意味は理解しやすいであろう。菩提心戒とは、三昧耶戒のことである。

無漏種子の熏習

纔《わずか》に曼荼羅を見たてまつるに、能く須臾《しゆゆ》の頃《あいだ》に浄信しぬ。歓喜《かんぎ》の心を以て瞻《せん》覩《と》するが故に、則ち阿《あ》頼《ら》耶《や》識《しき》の中に於いて金剛界の種子を種《う》、と。（此の文は初めて曼荼羅海会の諸尊を見て得る所の益を明かす。）

「纔に曼荼羅を見たてまつるに」とは、曼荼羅道場に入ったとき、覆面させられて花を投げ入れることをおこなう。その後、覆面が解かれて、曼荼羅を見ることになるが、その時のことをいう。曼荼羅を拝見するや、その威徳によってすぐにも浄信を起こすことになる。おのずとそうなるのである。曼荼羅を見ることによって、すばらしい尊容等に出会えたその歓びのうちに、浄信を起こすのである。そうすると、行者の阿頼耶識に金剛界すなわち五仏＝五智の種子を植えつけるのである。密教の灌頂においては、その聖なる環境のなかで、無漏《むろ》種子《しゅうじ》の熏習《くんじゅう》が実現するというのである。ただし、この説明は、大乗唯識に寄せての表現であって、実際には衆生心中の仏智が顕発されるのであろう。

「此の文は初めて曼荼羅海会の諸尊を見て得る所の益を明かす」とは、空海の注釈である。

無住処涅槃の実現

具《つぶさ》に灌頂受職金剛名号を受く。此れ従り已後《いご》、広大甚深不思議の法を受得《じゅとく》して、二乗十地を超越《ちょうおつ》す。此の大金剛薩埵五密瑜伽の法門を四時《しじ》に於いて行住坐臥《ぎょうじゅうざが》四威儀《しいぎ》の中に無間《むけん》に作意《さい》し修習《しゅじゅう》すれば、見聞覚智境界に於いて、人法二空《にんぼうにくう》との執《しゅう》、悉皆平等にし

て、現生に初地を証得し、漸次に昇進す。五密を修するに由《よ》って涅槃と生死《しょうじ》とに於いて染《ぜん》せず著《じゃく》せず。無辺の五趣の生死に於いて広く利楽《りらく》を作《な》す。身を百億に分ちて、諸趣の中に遊んで有情を成就し、金剛薩埵の位を証せしむ、と。（此は儀軌法則に依って修行する時の不思議の法益を明かす。）

「具に灌頂受職金剛名号を受く」とは、灌頂の儀式のなかで、まさに頭に五智の瓶水を注がれて仏という職に就くと、その証拠として金剛の称を受けることをいう。吉祥は、『略出念誦経』に、「弟子の本名の上に金剛の字を加えて名となし、金剛某甲と呼ぶべきことが説かれてある」と紹介している（吉祥、一一七頁）。

この時以後、「広大甚深不思議の法を受得して」とは、ともかく大日如来の広大な諸功徳（法）ということでよいと思われるが、吉祥は、その幖幟である「金錍《こんぺい》・明鏡・商佉（法螺）・輪等」を授けられると言っている。それらは、もちろん仏智の諸功徳の象徴であり、それら諸功徳そのものを授かることを了解すべきである。このなか、法螺と輪とは、説法を表し、利他行の力能を示している。ということは、「広大甚深不思議の法」には、自利・利他を支える諸功徳があることを思うべきであろう。

こうして、「二乗十地を超越す」とあるが、このことは直ちに仏と成るということを明かしたものである。

「此の大金剛薩埵五密瑜伽の法門を四時に於いて行住坐臥四威儀の中に無間に作意し修習すれば」とは、灌頂の儀式を経て、この『五秘密儀軌』にしたがってさらに修行することらしい。「大金剛薩埵五密瑜伽の法門」というのが一つの言葉で、金剛薩埵を主尊とし、欲・触・愛・慢の四金剛を眷属とする五尊（五秘密）を対象とした瑜伽行（観法）のことである。これを四時すなわち朝・昼・夕・夜のいつでも、「行住坐臥」の「四威儀」（日常生活のすべて）のなかで、間をおかずに、意欲をもって取り組めば、以下の成果を得るという。

「見聞覚智境界に於いて、人法二空との執、悉皆平等にして」とは、五感や意識等の対象において、空を了解し、かつその空を執着することも滅せられて、一切に自由自在の境地を得ることと言えよう。

「現生に初地を証得し、漸次に昇進す」であるが、「現生に初地を証得」するのは、すでに成仏を果たすこと、それゆえ「漸次に昇進す」とは以後の利他行にもっぱら活動することをそのように言ったものと解するのがよいと考える。このことは、前にも見たようである（本書一八九〜一九〇頁参照）。

「五密を修するに由って涅槃と生死とに於いて染せず著せず」とは、この五密瑜伽を修行することによって、涅槃にとどまることなく、また生死にも煩わされないことが可能となる。いわゆる無住処涅槃の実現である。したがって「無辺の五趣の生死に於いて広く利楽を作す」ということになる。五趣は、地獄・餓鬼・畜生・人間・天上で、六趣（五趣に修羅を加える）とともによく用いられるものである。迷いの世界（世間）にあって苦しんでいる無辺の衆生に対して、救済の活動を遂行してやまないのである。その様子が、「身を百億に分ちて、諸趣の中に遊んで有情を成就し、金剛薩埵の位を証せしむ」と示される。「有情を成就し」とは、仏に仕立てあげていくこと、金剛薩埵の位とは、如来の一段下とも思われるかもしれないが、この『五秘密儀軌』のなかの文においては、大日如来そのもののことともあり、そのように受け止めてよいものである。つまり、衆生の一人ひとりを仏になしていく活動を自在に展開するというのである。とすれば、先の「現生に初地を証得し、漸次に昇進す」の「漸次に昇進す」は、じつは広く利他行をおこなうことと見てさしつかえないであろう。

「此は儀軌法則に依って修行する時の不思議の法益を明かす」とは、空海の注釈である。「儀軌法則に依って」とは、この『五秘密儀軌』に説かれた指示にしたがってということである。

自性身・受用身・変化身の仏身を証得

又た云く、三密金剛を以て増上縁《ぞうじょうえん》と為《し》て、能く毘盧遮那の三身の果位《かい》を証す、と。

さらに、『五秘密儀軌』の最後の文が引かれている。「三密金剛」とは、「三密である金剛」「金剛にほかならない三密」のことである。金剛はダイヤモンドのことで、堅固と能破の意味がある。三密の無明・煩悩をよく断ち切ることを金剛と称したのである。ここの増上縁とは、じつは因縁なのであり、勝れた因縁であるから増上縁と言ったという解釈がある。しかしあえて因縁と区別された縁であると見るなら、阿闍梨の加持力、ひいては一切如来の加持力としての三密が、行者にとって勝れた増上縁となると解せばよいと思う。その場合、因縁は、行者自身にある三密である。

この三密加持によって、「能く毘盧遮那の三身の果位を証す」とある。大日如来の、実際に成就している自性身・受用身・変化身の仏身を証得できるのである。もちろん、等流身も含んでであろう。

是の如きの経等は皆な此の速疾力の不思議神通の三摩地の法を説く。若し人有りて法《ほっ》

則《そく》を闕《か》かずして昼夜に精進すれば、現身に五神通《ごじんづう》を獲得《ぎゃくとく》す。漸次に修練《しゅれん》すれば、此の身を捨てずして仏位に進入す。具《つぶさ》には経の説の如し。此の義に依るが故に、三密加持速疾顕と曰う。

以上に引用した経文をまとめて、「即身成仏頌」第三句、「三密加持して速疾に顕る」の証明とすることを説き、結びとしている。「此の速疾力の不思議神通の三摩地の法」とは、現生に成仏を果たす等、速疾に成果をもたらす力のある、凡夫には考えることもできないすばらしいはたらきのある行法という意味になるであろう。

このあと、「漸次に修練すれば、此の身を捨てずして仏位に進入す」とあって、この漸次の修行は第二地以上のことをいうというのだが、初地に成仏して、後は化他行だとすれば、この「仏位に入る」とは、じつは仏の身として三密を発揮することと理解すべきであろう。詳しくは、『五秘密儀軌』ないし『金剛頂経』、さらには『大日経』等、密教の経典に説かれているので、参照するがよいであろう。それらの教旨に基づいて、「三密加持して速疾に顕る」というのである。

仏日と心水の感応

加持とは、如来の大悲と衆生の信心とを表す。仏日《ぶつにち》の影、衆生の心水《しんすい》に現《げん》ずるを加と曰い、行者の心水の能く仏日を感ずるを持《じ》と名づく。行者若し能く此の理趣を観念すれば、三密相応するが故に、現身に速疾に本有《ほんぬ》の三身を顕現し証得するが故に、速疾顕と名づく。常の即時即日の如し、即身の義も亦た是の如し。

この第三句の解説の箇所の最後に、もう一度、加持の実際について説明し、あらためて「三密加持して速疾に顕る」の句の意趣を確認して、この句における即身の即の意味を明かしている。

「加持」とは、「互相加入・彼此摂持」と言われていたわけだが、これを別の観点から、加は如来の大悲、持は衆生の信心と説明している。「仏日の影」とは、如来の大悲に基づく智慧のはたらきをいうものであろう。影は、月影が月光であるように、この影も光のことでよいと思われる。

「衆生の心水」は、当然、如来を仰ぎ求める信を伴う心のことになろう。如来が衆生（行者）にはたらきかけるのが加、衆生がそのはたらきを感得するのが持、という。如来のはたらきかけは、その三密によるにちがいない。それは本来、無相において絶えずなされているのである。それも多数の如来の連携が想定されるべきである。行者がこれを自覚的に受け止めるには、あえて印を結び、真言を唱え、三摩地に住するという一定の所作を通じてということが要請される。このとき、如来のはたらきかけのもとに、衆生本具の三密が顕発されるのである。

行者は、この道理の趣きをよく考察して実際にこの行に取り組めば、如来の三密と衆生の三密が一体となって、この身にすばやく、自己自身に本来具わる仏身の全体を実現し体得する。仏身がここでも三身として表現されていて、普通には自性身・受用身・変化身の三身が想起されようが、密教では三身＝三密＝三宝＝三秘密等、何とも融通無礙である。いずれにしても、成仏するのである。

それゆえに、三密加持して、「速疾に顕る」と言うのである。速疾にとは、現身のうちにということである。

この意味からは、即には即座にというときのような即の意味を汲み取るべきだという。即時といえば、すぐにであろう。即日といえば、他日を待たずその日のうちに、という意味であろう。即身も、この身に速やかに、即座に、という意味だというのである。

「重重帝網」の関係

次に第四句、「重重帝網のごとくなるを即身と名づく」についての説明である。

重重《じゅうじゅう》帝網名《たいもうみょう》即身《そくしん》とは、是れ則ち譬喩《ひゆ》を挙ぐ。以て諸尊の刹塵の三密の円融無礙《えんにゅうむげ》なることを明かす。帝網とは因陀羅《いんだら》珠網《じゅもう》なり。謂く、身《しん》とは我身と仏身と衆生の身と、是れを身と名づく。又た四種の身有り。言く、自性《じしょう》・受用《じゅゆう》・変化《へんげ》・等流《とうる》、是れを名づけて身と曰う。又た三種あり、字・印・形《ぎょう》、是れなり。是《かく》の如き等の身は、縦横重重なること鏡中の影像《ようぞう》と灯の光の渉入《しょうにゅう》するが如し。彼の身は即ち是れ此の身なり、此の身は即ち是れ彼の身、仏身即ち是れ衆生の身、衆生の身即ち是れ仏身なり。不同にして同なり、不異にして異なり。

「帝網」とは、帝釈天（インドラ）の宮殿の天井に懸かっている装飾の網のことである。ゆえにインドラ網ともいう。この網の多数の目の一つ一つには、宝石（珠）がくくりつけられていて、それらが互いに映しあっている。ゆえに珠網という。二枚の鏡を照らしあわせると無限に映しあうが、このことが、多数の宝石のあいだでおこなわれることになり、ここに重重無尽の関係が現ずることになる。華厳宗ではこの帝網をもって、重重無尽の関係性（縁起）の譬喩とするのである。

空海はこの譬喩を用いて、まず、「諸尊の刹塵の三密の円融無礙なることを明かす」という。「諸尊の」であるから、諸仏諸尊のすべてをいうことになる。「刹塵の」とは、前に述べたように、無数無量のということである。三密は、身・語・意の活動、これらが完全に融けあっていて、妨げとなるものがない、という。前にも、「一一の尊等に刹塵の三密を具して、互相に加入し、彼れ此れ摂持せり」とあったが、まさにこのことを言ったものとなっている。これは水平の加持の実相である。いずれにせよ、「重重帝網」の関係は、単に個体（身・存在）においてのみでなく、その個々の体に具わる三密（作用）においてなのである。空海は曼荼羅において、じつは各尊の三密が交響しあい、融合しあい、作用しあっているきわめてダイナミックな世界を想定しているのである。このことを忘れてはならない。

しかもこのことは、諸仏諸尊（聖者等）のあいだのみに限られないことになるのは、華厳思想の事事無礙法界の思想からしても容易に知られるであろう。ただし、以下には三密（三業）の帰属すべき所依である身というものに焦点があてられて、その事情が解説されていく。

「謂く、身とは我身と仏身と衆生の身と、是れを身と名づく」とは、世界に存在するあらゆる個体を意味するということになる。衆生身には、地獄・餓鬼等から、菩薩までの九界の生き物が含まれるはずである。

ここで注目されるのは、まず我身と掲げられていることである。自己こそが、宗教の問題の核心である。ほかならぬこの我が身こそが、三密加持等の焦点であることを忘れてはならない。

次の、「又た四種の身有り。言く、自性・受用・変化・等流、是れを名づけて身と曰う」は、いわゆる四種法身であり、すべて仏身である。これについては、前にも述べた（本書一三〇頁参照）。

次の、「又た三種あり、字・印・形、是れなり」とは、法曼荼羅・三昧耶曼荼羅・大曼荼羅の秘密身、要は語密・意密・身密を別々の尊格で見たときの身ということになろう。ここは実際には、一人の仏身に具わる無数・無量の功徳となるはずで、その場合の身は聚集の意味に取れるが、一方、一つひとつのはたらきを独自の尊と見てもよいわけである。ただし基本的には、三密は一個の身に帰属すべきものである。

こうして、身は基本的に仏身と考えてよく、それは最初の「諸尊の刹塵の三密の円融無礙なることを明かす」に対応している。しかしそれだけでなく、我身、衆生身も身だとされることで、けっして仏身に限られないことになる。ただし衆生身も我身も、根本はじつに仏身であることを思えば、すべての仏身ということにもなるであろう。

一本のろうそくと無限の影像

こうしたすべての身は、仏同士、菩薩同士、人間同士等、あるいは諸仏と衆生間、諸菩薩と衆生間等々、無礙に相入相即していて、重重無尽の関係性のなかにあることは言うまでもない。こうして、仏と衆生とも、じつは円融無礙なのだ、というのがここでの認識である。単に現象の地平で重重無尽の縁起を結んでいることは当然であり、かつ衆生のなかの本具の仏身、本具の三密も、同じ仏身であるがゆえに、ひそかに「互相加入・彼此摂持」の関係にあることが言えてくるのである。こうして、縦横に円融無礙となるのである。

このことは、インドラ網でも譬えられていたが、さらにもう一つの譬えを持ち出している。六面の立方体の内側が鏡の箱に一本のろうそくを入れると、その灯の影像は六面の対面同士無限に映りあう。これは、一本のろうそくと無限の影像が関係しあっているからで、一入一切・一切入一、一即一切・一切即一である。このことは、華厳宗の法蔵の『華厳金師子章《こんじししょう》』に出ている。

とすれば、「彼の身は即ち是れ此の身なり、此の身は即ち是れ彼の身」ということになる。この彼此の関係は、諸仏のあいだでもよいし、ひいては、「我身・仏身・衆生身」のあいだでもよいであろう。ここから、「仏身即ち是れ衆生の身、衆生の身即ち是れ仏身なり」もたやすく出てくる。しかもこれらの関係は、けっして何か一つのものに融合・一体化するのではなくて、あくまでも「不同にして同なり、不異にして異なり」である。

人人無礙の世界

故に三等《さんどう》無礙なり。真言にいわく、帰命句は（常の如し）、阿《ア》三迷底《サンメイチ》哩《リ》三迷三昧《サンメイサンマ》曳莎呵《エイソワカ》。初の句義は無《む》等《とう》と云う。次は三等と云う。後の句は三平等と云う。仏法僧、是れ三なり。身語意《しんごい》、亦た三なり。心仏及び衆生、三なり。是《かく》の如くの三法は、平等平等にして一なり。一にして無量なり、無量にして一なり。而《しか》も終《つい》に雑乱《ぞうらん》せざるが故に重重帝網名即身と曰う。

このことを、ある真言が示しているという。この真言は、一般には「入仏三昧耶の真言」と言われるもので、「三等無礙の真言」とは呼ばれていないようである。しかし事実上、三密などの三を説く真言なので、空海が「三等無碍の真言」と名づけたこともじゅうぶん考えられる。その場合は、ここを「故に三等無礙の真言にいわく～」と読むが、本テキストは今の事情をふまえて、「故に三等無礙なり。真言にいわく〜」というように、無礙なりで切って読む読み方を採っている。「入仏三昧耶の真言」は、『大日経』第二「具縁品」、第四「密印品」に見える。

真言の初、「阿《ア》三迷《サンメイ》」は、サンメイがサマ＝等の於《お》格《かく》であり、アは否定辞なので、等しくない、平等でないということである。そこで、「初の句義は無等と云う」とある。仏と衆生とは等しいのであるが、そのようなことは他に類例がないほど尊いことであり、他に等しいものはない。そこが無等である。あるいはそこに待対すべきことなく、もとより自他相対の別がないから、等しいとも言えない（無等）との立場での解釈もある。

次の「底《チ》哩《リ》三迷《サンメイ》」とは、チリが三、サンメイが等で、三等ということになる。この三には、三世、三因、三業道、三乗等も考えられるが、ここの三についても、空海の後の解説を見るべきである。

「三昧《サンマ》曳《エイ》」は、サマヤの於格であり、サマヤ＝三昧耶には、「平等・本誓・除障・警覚」の四つの意味があるが、空海はこれを「三平等」と言っている。サマヤ自身には三の意味はないが、前の語を受けて、同じく三が平等と見たのであろう。その三については、「仏法僧、是れ三なり。身語意、亦た三なり。心仏及び衆生、三なり」とある。結局、三等も三平等も同じことを別様に言い表したもので、ではその三とは何かといえば、仏・法・

僧、身・語・意等、種々ありうるが、その一つに心・仏・衆生があるという。心・仏・衆生の三が無差別であるとは『華厳経』「夜摩《やま》天宮《てんぐう》菩薩《ぼさつ》説偈《せつげ》品《ぼん》」にある句として有名である。空海は、「是の如くの三法は、平等平等にして一なり」というが、その三法の焦点は、心・仏・衆生の三にあったにちがいない。

しかしながら、この平等は、単に同一、一体ということではない。「一にして無量なり、無量にして一なり。而も終に雑乱せ」ずとあった。これが平等ということの内実なのである。一即一切・一切即一、あるいは一入一切・一切入一といってもよいであろう。すべてが何か一つのものに融け込んでしまうということではない。各々がそれ自身を保ちながら、なお雑乱しないのである。まさに、事事無礙の世界である。いわば、身身無礙の世界である。ここを私は人人無礙と呼んでいる。それが曼荼羅の世界である。実際、事事無礙法界の一一の事は、今・ここの主客相関の一真実であり、すなわち人であり、身なのである。その間の無礙であるが故に、諸仏は衆生であり、衆生は諸仏であることにもなるであろう。

なお、真言の最後の「莎訶《ソワカ》」(svāhā)は、これを唱えるとあらゆることがすべて円満し成就するという。『秘蔵記』には、『般若心経』の最後、「菩提娑婆訶《ぼうじそわか》」の「娑婆訶」について、「究竟義、円満義、驚覚義、成就義、散去義」と註を施している(定本第五巻、一三八頁)。

こうして、法界体性所成の各仏身等は相互に無礙に渉入・相応しあっており、またその各身に具わる三密は渉入・不離であり、その各身の相互に加入・摂持しあう衆多の諸仏の加持を受けて、自己に本有の仏身、じつは曼荼羅そのものをすみやかに実現する。そのすべてが「即身成仏」の語に籠められていたのである。「即身成仏頌」前半の四句は、このように一貫してあらゆる身が相互に加入・摂持しあっている世界を描いていたのであり、故に「即身成仏」の即身とは、重重帝網なる曼荼羅を自己とする身のことなのであった。

第九章　曼荼羅世界の風光——『即身成仏義』を読む　四

「法然具足薩般若」

本章では、「即身成仏頌」、二頌八句の後半の、「成仏」を表す頌の解説部分を読むこととする。その頌を再掲すれば、**「法然に薩般若を具足して、心数心王刹塵に過ぎたり、各五智無際智を具して、円鏡力の故に実覚智なり」**というものであった。この後半の「成仏」を謳う頌の解説は、前半の「即身」を謳う頌の解説にくらべてだいぶ簡略になっている。

法然具足薩般若《ほうねんぐそくさはんにゃ》とは、大日経に云く、我れは一切の本初《ほんじょ》なり。号して世所依《せしょえ》と名づく。説法、等比なし、本より寂にして上有ること無し、と。

この『大日経』の文は、「転字輪曼荼羅行品《てんじりんまんだらぎょうぼん》」のもので、「我」とは、大日如来のことである。「本初」とは、根源というほどの意味になろうが、それは本来、不生、つまり本不生の世界のことにほかならない。大日如来の種字は阿字であり、その意味でも本不生がふさわしい。そして、世間の一切法（すべての現象）が本不生（＝六大＝法界体性）を背景に成立していることが、世所依（世の依る所）ということであろう。「説法、等比なし」とは、大日如来の密教の教えは、外道、小乗、大乗の経典（説法）には比べられるものがないほど優れているというのである。「本より寂にして」とは、本来寂静《じゃくじょう》ということで、大日如来から見て一切の現象は、空・無自性にして本来寂静の世界のなかにあるのであり、この了解とその教えは最高に優れたものであるというのであろう。

仏の大悲

この経文（本来成仏の教証）に対して、以下に空海が説明する。

謂く、我れとは大日尊の自ら称するなり。一切とは、無数《むしゅ》を挙ぐ。本初とは、本来法然に是の如くの大自在の一切の法を証得する本祖なり。如来の法身と衆生の本性とは、同じく此の本来寂静の理を得れども、然も衆生は不覚不知なり。故に仏、此の理趣を説いて衆生を覚悟せしめたもう。

空海は、我を大日如来の自称であると言っている。そうすると、その我とは一人称の代名詞としての我になるであろうか。それは、サンスクリットを想うに、たとえば ahaṃ（我は。主格）であって、ātman の我ではないことになる。それでも ahaṃ にも阿字があり、その阿字がやはり本不生を表すことにもなるのである。

経文の「一切の本初」の「一切」に対して、空海は「無数」ということを意味しているのだという。この後半の頌のなかでは、次の句に「心数心王刹塵に過ぎたり」とあったわけで、それを含意するとも理解される。

本初とは、時間的にもとの初めの時というのが素直な理解であろうが、空海は「本来法然に是の如くの大自在の一切の法を証得する本祖なり」と言っている。「大自在の一切の法」とは、一切法（諸法）は心法であり、それが本来智慧のはたらきそのものであることをいうものらしい。そうすると、大日如来は、およそ衆生の心のはたらきは本来、無数多彩な智慧のはたらきであることを証得している根源的な覚者である、と言いたいのであろう。「我れは一切の本初なり」とは、直線的な時間をさかのぼってもっとも初めの存在であるというのではなく、時間を超えて、そもそも本覚そのものだという意味である。

本覚であるゆえに、「如来の法身と衆生の本性とは、同じく此の本来寂静の理を得」ているということになる。経典に「本寂」（本来寂静）とあったがゆえに、ここにも本性といい、理といっていて、ゆえに真如（理）の方面を指して言っているようだが、言うまでもなくその理はもとより理智不二である。その大日如来の内証の智と同じ智を衆生も具有しているのである。ただし、真実は理とも智とも言挙げされる以前の本不生の世界であることは言うまでもない。

しかしながら、衆生はこの事実を覚知していない。そこで仏は、この道理、人間存在の構造の趣を衆生に教えて自覚せしめるのだという。このことは、仏の大悲を意味している。空海も加持のことにおいて仏の大悲を強調しているのは、印象的なことである。

因果と縁起は異なる

又た云く、諸の因果を楽欲《ぎょうよく》する者は、彼の愚夫は能《よ》く真言と真言の相とを知るには非ず。何を以ての故に。因は作者《さしゃ》に非ずと説かば、彼の果も則ち不生《ふしょう》なるべし。此の因が因、尚《な》お空なり。云何《いかん》が果有らん。当《まさ》に知るべし、真言の果は悉く因果を離れたりと。

次に引用された句は、『大日経』「悉地出現品」の文である。「諸の因果を楽欲する者」とは、因があって果があるという思想を奉じる者のことである。一見、仏教の縁起思想と同じようだが、じつは本質的に異なる思想を持つ者のことを言うものである。その一つは、第一原因のような実体的な一因があって、そこから万物の現象が現れるというような思想である。あるいは大自在天のような超越的主宰神がいて、それによって万物は造られ、あるいは操作されているというような思想である。そこでは、神を喜ばせれば好ましい結果をもたらされるが、そうでなければ好ましくない結果が与えられると考える。

　あるいはまたもう一つ、因も果もそれぞれ実体的存在で、縁にかかわらず因果の関係は成立すると考えるような者も入るであろう。さらにはその立場において修行（因）すれば仏（果）となる、故に修行しなければと考える者も、因果を楽欲する者なのであろう。

　因果と縁起は、同じようでじつは異なる。仏教の縁起では、因があってもそれだけで必ず果が実現するわけではなく、そこに縁が関わることによって、果の成不成も決まると考える。しかもすべての事物等は他を待って初めて存立しえていて、故に無自性・空である。空を本質・本性としているが故に、その本性は不生・不滅であり、本来寂静・自性涅槃である。その本不生において無数の現象も成立しているのである。「因果を楽欲する者」はこの道理を解りえていないのである。

「真言と真言の相」には、種々の解釈がありえるであろうが、真言は、密教の説く教え、真言の相はその教えが明かす世界の真実相と受け止めればよいであろう。それはまた、仏教の説く真理のことで、その内容をつづめて言えば、今の経典の文の後ほどにある「真言の果は悉く因果を離れたり」である。さらにこの句の核心を言えば、仏の完全なる境界としての仏果は因果を離れており、つまり修行を待つまでもなく成就しているものである、ということである。
このことを言うために、因果の論理が破綻せざるをえないことを、「因は作者に非ずと説かば、彼の果も則ち不生なるべし。此の因が因、尚《な》お空なり。云何が果有らん」の文で説明している。これはどうもわかりにくいが、因に実体はなく、ゆえに果にも実体はない。だからそもそも果というものはない、という趣旨のようである。

成仏している内証の世界

上の文に引く所の我覚本不生、乃至、遠離於因縁の偈と、及び諸法本不生、乃至、因業等虚空との、是の如く等の偈は皆な法然具足の義を明かす。

前の文に対して、空海は前半の頌の第一句、「六大無礙常瑜伽」の六大の説明に用いた『大日経』の「我れ本不生を覚れり、語言の道を出過し、諸過に解脱を得て、因縁を遠離し、空は虚空に等しと知る」（我覚本不生、出過語言道、諸過得解脱、遠離於因縁、知空等虚空）の句と、『金剛頂経』の「諸法は本不生なり、自性は言説を離れたり、清浄にして垢染なし、因業なり、虚空に等し」（諸法本不生、自性離言説、清浄無垢染、因業等虚空）の句とを、ここにもう一度、持ち出して、これらの偈は「皆な法然具足の義を明かす」としている。この説明によって、真言果はあらゆる因果を離れていることについて、念を押したものとなっている。逆に、「六大無礙常瑜伽」の六大の内容は、もとより成仏しているその内証の世界であることを読むべきであろう。

一切智を具足している

又た金剛頂《こんごうちょう》に云く、自性所成眷属の、金剛手等の十六大菩薩、乃至各各に五億倶胝《くてい》の微細の法身金剛を流出《るしゅつ》す、と。是の如く等の文は亦た是れ此の義なり。

また、このことを明かす教証をもう一つ、引用する。ただしこの文は、金剛智三蔵訳『金剛峯《こんごうぶ》楼閣《ろうかく》一切《いっさい》瑜伽《ゆが》瑜祇経《ゆぎきょう》』（『瑜祇経』）の文を要約したものである。

自性身は、さまざまな眷属をともなうが、これは自性身より作られたところのものであり、いわば自性法身を荘厳する諸功徳を人格化したものといえよう。十六大菩薩は、前に述べたように（本書一九〇頁参照）、四仏のまわりにいる四菩薩のことである。もとの経典では、その他の眷属をも挙げている。これらの諸尊が、莫大な数の「微細の法身金剛を」出現する。吉祥はこの微細法身金剛について、「即ち微妙清浄の智慧」のことと言っている（吉祥、一四三頁）。倶胝は、インドの数の単位の一つで、諸説があろうが、一説に一千万のことともいう。微細とは、極小というよりは、微妙ということである。

この教証が法然の覚りを示すのかどうか議論もありえると思われるが、ここに「自性所成の」とあるところから、法身だけでなくあらゆる眷属も自性所成であって、もとより智用を発揮しているということを示すものというのであろう。このこと自体、曼荼羅的である。なお、小田は、「この経文に「自」は他の因縁によって生じたものでないことを示し、「性」は不改の義で法爾の意味があるから、この句が法爾の所生であることを示し、「法然具足」の義に当る」と説明している（小田、一二三頁）。

こうして、「是の如く等の文は亦た是れ此の義なり」と言われる。この義とは、法然に一切智を具足しているの義と見るべきである。

一切を知る智ではない

法然と言うは、諸法の自然《じねん》に是の如くなることを顕《あらわ》す。具足とは成就の義、無闕少の義なり。

以下、空海はあらためて「法然具足薩般若」の句の意味について解説する。「法然」について、「自然に是の如くなること」を表しているという。誰も作業を施さなくても、もとよりそのようであることが、法然である。「具足」は、「成就の義、無闕少の義」であるという。すべて欠けることなく、すでに完成していることが具足である。ここの成就は、これから成就するというのではなく、すでに成就しているの意である。

薩般若とは、梵語なり。古きには薩云《さつうん》と云うは、訛略《かりやく》せるなり。具《つぶさ》には薩羅婆枳孃曩《さらばきじゃのう》と云い、翻じて一切智智と云う。一切智智とは、智とは決断と簡択《けんじゃく》との義なり。一切の仏に各、五智、三十七智、乃至、刹塵智を具す。

薩般若とは、インドのサンスクリットの音写だと説明する。かつて鳩摩羅什などがこれを薩般若と訳したのは、ある種のなまりに基づき一部略したもの（訛略）だという。詳しくは、薩羅婆枳孃曩、すなわちsarvajñāna だと説明している。これは正しくは一切智智と訳すべきものである。

一切智智の智は、「決断と簡択との義」とある。たしかに、唯識思想のアビダルマ、五位百法の別境の心所有法の慧prajñāについては、「簡択」によって説明されている。そもそも智慧とは、唯識思想のなかでは、この慧の心所が発達したもののことなのである。

さらに「一切の仏に各、五智、三十七智、乃至、刹塵智を具す」とあった。五智は法界体性智・大円鏡智・平等性智・妙観察智・成所作智のことである。三十七智とは、金剛界三十七尊の智をいうものと解される。刹塵の智は、莫大な数の智ということである。一切智智は、平等無差別にかつ分析的に一切を知る智ということもさすことながら、それ以上に一切の仏が具える無数ともいえるほどの智を意味すると示したものではなかろうか。実際、空海はこの次に、「顕家、一智を以て一切に対して此の号を得るには同ならず」と言っている。つまり、一切智とは、けっして一切を知る智ではない、一切の諸仏が発揮している智の意味であるというのである。しかもこのことは仏だけでなく、衆生にも本具なのである。

心は集起の意味

次の両句は即ち此の義を表す。若し決断の徳を明かすには、則ち智を以て名を得。集《じゅう》起《き》を顕すには、則ち心《しん》を以て称《な》を得。軌持《きじ》を顕すには、則ち法門に称《な》を得。一一の名

号、皆な人《にん》を離れず。此の如くの人、数、刹塵に過ぎたり。故に一切智智と名づく。顕家、一智を以て一切に対して此の号を得るには同ならず。心王とは法界体性智等なり。心数とは多《た》一識《いちしき》なり。

「次の両句は即ち此の義を表す」とある、次の両句とは、「心数心王刹塵に過ぎたり、各五智無際智を具して」の二つの句である。一人の人の心のはたらきは、無数といってよい。その一つひとつのはたらきに、五智だけでない、無量に多彩な智のはたらきがある。そのことをふまえ、心は集起の意味であるという。もともと唯識思想では、思量の意、了別の識と区別して、心を集起というのであり、その意味は種々の種子を積集し現行せしめるもののことであった。しかし空海は、心王あるいは心所有法の心は、阿頼耶識に限定される集起の心とは異なる集起であると、独特な心の解釈を示している。実際に多数多彩に現行していることを、集起と呼んだものであろう。

次の「軌持を顕すには、則ち法門に称を得」とは、心を法として見る場合は、軌持の意によることを説明したものと受け止めたい。軌持とは、「任持自性・軌生物解」のことで、有為転変の世界にあって自分自身を保ちつづけるもののことであり、法（ダルマ）の一つの意味である。心王・心所有法も諸法の法に他ならないという面から見れば、心即法と言っても不都合はないであろう。

「一一の名号、皆な人を離れず」の、一一の名号とは、智や心や法の名のことらしい。智という名であれ、心という名であれ、法という名であれ、みな智のはたらきを意味するのであって、それらは人に具足されているものであり、人を離れない。仏はもちろんのこと、衆生においてもその人（身）に無量の智＝無量の諸心＝無量の諸法が具足されているる。しかも三世・十方を考えれば、諸仏も諸尊も衆生も無数に存在していると言ってよい。そこで「一切智智と名づく」というのは、一切の諸仏諸尊及び衆生に、多彩無数の智があることを意味するというのであろう。『秘蔵記』には、「秘に於いて釈せば、曼荼羅の聖衆の集起するを心と曰う」とある（定本第五巻、一六〇頁）。こうして、空海が一切智の語に読む意味は、一切の対象を知る智という顕教の一切智智の意味とは、内容が全然、異なっているのである。

しかも「心王とは法界体性智等なり」とある。等には五智の中の法界体性智以外の智を読むのであり、故にここを一般には五智のこと、つまり五仏のことと読むようである。

一方、心数とは、本来は心所有法の旧訳なのであるが、空海はここに「多一識」であると言っている。多一識は、『釈摩訶衍論』に出るものが有名であるが、空海は一切の心所有法（心数）をまとめて一つの識として、これを一切一心識とか多一識とか呼び、眼識ないし身識・意識・末那識・阿頼耶識・菴摩羅識《あんまらしき》の九識の心王（まとめれば、五智）とは別に第十識としているという（吉祥、一五〇頁）。心王は法界体性智等とあるのは、この九識が五智となっているところをいう。それ以外が、心所有法で多一識と呼ばれているわけだが、この理解は、『釈摩訶衍論』の多一識ともまったく異なっているものである。

じつは、『秘密曼荼羅十住心論』の第十・秘密荘厳心の説明のなかに、「是の如くの五仏、其の数無量なり。五仏は即ち心王、余尊は即ち心数なり」とある。すなわち、空海においては、心王は五仏のこと、心数は、五仏以外の諸仏と諸尊のことなのである。したがって、じつは「心数心王刹塵に過ぎたり」の句は結局、心王の五仏と、心数の諸仏・諸尊の数が、無量であることを表しているということになる。この句は決して単に心王・心所が無数だということを述べたものではないのである。ただし、さらには、諸仏・諸尊の各々の心王も多彩・無数にはたらき、それとともにはたらく心所有法も多彩・無数にはたらくことをも意味していると受け止めていくのはよいであろう。

多彩・無量の智

各具《かくぐ》五智《ごち》というは、一一の心王・心数に各各に之《これ》有ることを明かす。無際智という

は、高広《こうこう》にして無数なる義なり。

後半の頌、第三句、「各五智無際智を具して」の説明である。この句の前半、「各五智を具す」ということに関して、まず、五智とは、法界体性智・大円鏡智・平等性智・妙観察智・成所作智の五つの智慧であることは言うまでもない。大乗仏教の唯識思想では、大円鏡智以下の四智を説き、阿頼耶識は大円鏡智に、末那識は平等性智に、意識は妙観察智に、前五識は成所作智に転じるという。密教はこれに第九・菴摩羅識を立て、これが法界体性智に対応するとする。

さて、初めの各五智の各とは、一一の心王・心所有法のおのおののことだとの明快な説示である。ただし空海においては、もともと心王は五仏、心所有法は他の諸仏・諸尊という理解であった。したがって、五仏も諸仏・諸尊もまた、それぞれ五智・無際智を具えているという理解すべきである。おそらく、衆生すら五智を具えていることを言ったものとさえ理解できるであろう。

この句の後半の「無際智を具す」については、五仏や諸仏・諸尊らが無数に存在しているから五智掛ける無数として、無際限の智があるということになるとの解釈が一般的であるらしい。そのことを高広無数に読むのである。しかし私はやはり一人の個のなかに五智のみならず、多彩・無限の智のはたらきを具えているということをも読みたいと思う。智のはたらきや意密（ないし三密）が空間的にも時間的にも無礙に即入しているなら、重重無尽の智が一々の心作用に含まれていると見ることもできよう。高・広無数ということは縦・横無数ということでもあり、このことはその無礙の関係のなかで読めると思う。

「即身成仏頌」前半の第一句、「六大無礙常瑜伽」は、じつは六大＝法界体性所成の身が、渉入相応していることと読むべきなのであった。「四種曼荼各不離」は、四種曼荼羅が三密だとして、各身に帰属すべき三密が、しかも相互に不離相即している姿を述べていると解釈できた。「三密加持速疾顕」の三密は、そういう「一一の尊等に刹塵の三密を具して、互相に加入し、彼れ此れ摂持」している事実をふまえたことなのである。こうして、もとより「重重帝網のごとくなるを即身と名づく」のである。その一一の尊はもとより各種仏智を具有していて、その尊の数は無量である。その一一の尊が、多彩・無量の智を発揮しているのである。

智のはたらき

円鏡力《えんきょうりき》故実覚智《じっかくち》とは、此れ即ち所由を出だす。一切の諸仏は、何に因《よ》ってか覚智の名

を得るや。謂く、一切の色像《しきぞう》の悉く高台《こうだい》の明鏡《みようきよう》の中に現ずるが如く、如来の心鏡も亦た復た是の如し。円明の心鏡、高く法界の頂《いただき》に懸けて、一切を寂照するに、不倒不謬《ふびゆう》なり。是の如くの円鏡は、何の仏にか有らざらん。故に円鏡力故実覚智と曰う。

最後に、後半の頌の第四句、「円鏡力の故に実覚智なり」の説明である。この句は、「所由」つまり所以、理由を明かしたものだという。何の所以、理由かというと、「一切の諸仏は、何に因ってか覚智の名を得るや」という疑問に対する理由だという。とすれば、この前提に諸仏は覚智の名を得ている事実ないし事例があってのことであろう。もともと仏とは覚者のことであるし、そういう例は探せば実際にあるであろうが、ただしここでのその意図は、諸仏がもとより法然に具足している五智・無際智が真に智であることとの説明にあると見てよいであろう。

その理由として、「謂く、一切の色像の悉く高台の明鏡の中に現ずるが如く、如来の心鏡も亦た復た是の如し。円明の心鏡、高く法界の頂に懸けて、一切を寂照するに、不倒不謬なり」とある。この意そのものは理解しやすいと思われるが、「高く法界の頂に懸けて」というのは、譬喩なのであろうが、やや領納しにくいものもある。しかし要は、全法界の事象を照らし出している、というのであろう。「一切を寂照するに、不倒不謬なり」

は、寂静なる禅定にはいっていることをふまえての智のはたらきだという。あるいは前者（不倒）は無分別智、後者（不謬）は後得智と見るのもよいかもしれない。このような譬喩ではあるものの、ここで大円鏡智のみを採り上げたというわけでもないのであろう。あらゆる智のはたらきを、実際の円鏡に寄せて述べたと見るべきである。

「是の如くの円鏡は、何の仏にか有らざらん」とは、仏に実覚智があることを確認したものである。そのように円鏡と同じはたらきを現に発揮するので、その心作用は覚智なのである。であればこそ、覚者にほかならない仏なのである。もちろん、その仏の具有する智慧とまったく同じものが衆生にもあるのが実情である。なぜなら、法仏（法身仏。自性身）は、もとより成就しているものだからである。したがって、「即身成仏」の「成仏」は、衆生にもすでに言えることが保証されるであろう。こうして、この後半の頌の第四句（終句）は、その第一句「法然に薩般若を具足して」に立ち帰って読むべきだし、さらには前半の頌に説かれた意趣に立ち戻って読むべきであろう。

以上で、『即身成仏義』の本文の解説を終える。

第一〇章　『即身成仏義』の本旨

「即身成仏」の多様な意味

『即身成仏義』の前半では、密教の教えにしたがって修行すれば、この身においてこの世のうちに成仏できるということが、二経一論八箇の教証により強調されていた。一方、「即身成仏頌」を説く後半になると、たとえば「法然に薩般若を具足して」とあるように、本来成仏しているという立場も明らかにされ、また成仏の方途として、三密加持のことも示されていた。これらをふまえてであろう、『異本即身成仏義』は、成仏ということに理具成仏・加持成仏・顕得成仏の三種を説くのであった。この説は台密系の理解かもしれないが、『即身成仏義』の内容を理解するのにそれなりに役立つものである。今、詳しいことは省くが、この三種の成仏は、『大乗起信論』の本覚・随分覚・究竟覚に相当すると見てよいであろう。ともあれ、即身成仏の語は、ただこの世のうちに成仏するということだけを意味しているわけではない。

これらを背景に、古来、宗門の学者（一例に吉祥眞雄）は、「即身成仏」の読み方には次の三種があると唱えている。

「即ちの身、成れる仏の義」

「身に即して仏と成る義」
「即《すみやか》に身、仏と成る義」

このなか、どの意味が『即身成仏義』の本意か、の議論もありえようが、三種ともに正意であるとの理解が妥当のようである。前にも言ったように、「即身成仏頌」のなか、理具成仏は「法然に薩般若を具足して」等に読める。顕得成仏は、同じく頌中の「円鏡力の故に実覚智なり」に読める。加持成仏は同じく頌中の「三密加持して速疾に顕る」等に読むことができるであろう（この理解は『異本即身成仏義』の説とやや異なるが）。こうして、「即身成仏」の語はけっして単純ではなく、密教の教理解釈を背景とした多様な読み方をすべきものである。

のみならず、これまで『即身成仏義』を詳しく読んできたところによれば、その「即」の字はさらに多彩な意味を有していることが判明した。「即」について、さらには「身」について、すでに『即身成仏義』のなかに、その深い意味がつぶさに解説されているが、従来、そのことが必ずしもよく理解されてこなかったのではないかと思われる。以下、そのことについてあらためてまとめて指摘しておきたい。

六大と各身の不一不二の関係

今も述べたように、『即身成仏義』は、「即」もしくは「即身」ということについて、随所に説明を付している。そのなかで、第三句「三密加持して速疾に顕る」の句の解説においては、「常の即時即日の如し、即身の義も亦た是の如し」とある。なるほどこの即は、たしかに「速やかに」の意に他ならない。しかし、他の箇所では、もっと異なった仕方での、即についての解説があることを見逃してはならない。

まず、第一句、「六大無礙にして常に瑜伽なり」の句に関してである。一般に六大とは、地大・水大・火大・風大・空大・識大という物質的・心理的諸元素であると思われている。しかし『即身成仏義』は、この六大については、次の経典によってその意味を取るべきだと指示する。

大日経に謂う所の、我れ本不生を覚れり、語言の道を出過し、諸過に解脱を得て、因縁を遠離し、空は虚空に等しと知る、是れ其の義なり。
又た金剛頂経に云く、諸法は本不生なり、自性は言説を離れたり、清浄にして垢染なし、因業なり、虚空に等し、と。此れ亦た大日経に同じ。

つまり六大は、本不生・離言説・自性清浄・不生不滅・空等を意味するのであり、そうした各種の性質を表すものだというのである。もちろん、識大があることから、智慧の性質も帯びていることになる。この第一句は、体・相・用の体を表すものであった。とすれば、如来の本体、つまり法界体性が有する種々のあり方をこの六大が明かしているのであって、六大はけっして諸元素のことなのではない。この六大において、理智不二の本覚真如としての法界体性に具わる種々の徳性を表現しているということなのである。

この六大＝法界体性は能造であり、所造は一切の仏及び一切の衆生等の、四種法身及び三種世間（智正覚世間・衆生世間・器世間）等を意味することが、この句の解説のなかでくりかえし強調されている。所造に関しては三種世間も指摘されるように、それはいわば現象世界のすべてであると言ってよいが、唯識的に言えば人人唯識で、国土（環境）も含めてすべての現象は個々の個のなかに展開されていることになる。結局、所造とは、身心の個体（正報）と国土（依報）を一組に考えての、仏から衆生まで無数にある、あらゆる個の、その活動の全体と見るのがよいかと思う。

なお、「能造・所造」とあっても、それは対立する能・所にかかわる能造・所造なのではないという。このことについては、「能所の二生有りと雖も、都《すべ》て能所を絶えたり。法爾にして道理なり。何の造作か有らん。能所等の名も皆な是れ密号なり。常途の浅略の義を執して種種の戯論を作すべからず」とあった。したがって六大＝法界体性とあらゆる各個（身）とのあいだは、いわば一体にある、もしくは不一不二の関係にあるということになろう。

人間存在の曼荼羅的構造

こうした論脈をふまえて、「即身成仏頌」前半の第一句、「六大無礙常瑜伽」の句の最終的な意味が以下のように明かされるのであった。

是の如きの六大の法界体性所成の身は、無障無礙にして、互相に渉入し相応せり。常住不変にして、同じく実際に住す。故に頌に、六大無礙にして常に瑜伽なり、と曰う。無礙とは渉入自在の義なり。常とは不動、不壊等の義なり。瑜伽とは翻じて相応と云う。相応渉入は即ち是れ即の義なり。

この文によれば、「六大」が常に瑜伽なのではない、「六大法界体性所成の身」が常に瑜伽なることが、「六大無礙にして常に瑜伽なり」の意味だと明瞭に示している。「即身成仏頌」頭初の第一句の解説における、この最終的な説示を見逃すべきではない。頌では制約もあり、省略もなされがちであり、じつはこの第一句の内容を十全に表現するなら、「六大は法界体性のことであり、これに基づくあらゆる身は無礙にして常に瑜伽なり」なのだというのである。けっして世界の諸元素としての六大が常に結びついているなどということではない。このことは従来、まったく理解されていない。

そうすると、ここにおいてすでに、人間存在の曼荼羅的構造が提示されている、ということになる。ここでは「瑜伽とは翻じて相応と云う。相応渉入は即ち是れ即の義なり」と即の語の意味が明かされているように、「即身成仏」の「即」の意味は、じつはある一身があらゆる他者の身と、いわば相即渉入していることということになるわけである。そうだとすると、後の第四句の「重重帝網のごとくなるを即身と名づく」の前にすでに、最初の第一句において、不生や自性清浄等、種々の特性を有する本覚・真如を本性とする無数の各身が、それぞれ他のあらゆる身ともとより変わらずに渉入自在なありかたにあることが示されていたのである。

作用の不離・相入の関係

次に、第二句、「四種曼荼各離れず」の解説においては、「即」について次のようにある。

> 是の如きの四種曼荼羅、四種智印は、其の数無量なり。一一の量、虚空に同なり。彼れ此れを離れず、此れ彼れを離れず。猶し空と光との無礙にして逆えざるが如し。故に四種曼荼各不離と云う。不離は即ち是れ即の義なり。

四種曼荼羅・四種智印が字（法）・形（大）・印（三昧耶）・作用（羯磨）のそれぞれの全集合（輪円具足）およびその認得だとすれば、字身＝言語の集合、形像身＝身形の集合、印身＝意思の集合であり、かつその作用全体が四種曼荼羅であるということになる。これらは実際には、世界に独自に客観的に存在しているわけではなく、それぞれの個身の身・語・意の活動において展開され存在していると見るべきである。たとえば唯識思想においては、人人唯識で、それぞれの八識の活動以外に、外に客観的に存在するものがあるわけではない。このことからすれば、この四種曼荼羅は結局、十界の各個のすべての身・語・意の活動ということになり、つまり三密のすべてとみなすべきだということになる。

そこにおいて、「彼れ此れを離れず、此れ彼れを離れず」とは、いかなることであろうか。まずはある一身におけるそれら三密のあいだでそれぞれの各密が相互に無礙にして離れないということが考えられよう。と同時に、その三密の無量のはたらきがそれぞれ、その体でもある身に離れないことも汲み取ってよいであろう。いずれにしてもそういう意味での不離相即が即身の即の意味だといっている。すなわちこの場合の即も、やはり少なくとも速やかの意ではありえない。

さらに、四種曼荼羅すなわち三密が渾然一体となって一つの身（自己）に具わっているとして、その各身に具わる三密が、すべての各身のあいだで相互に相即・相入して不離であるのが、「四種曼荼各離れず」の最大の意味だと受け止めることもできるはずである。このことは、第一句の最終的な意味、「六大法界体性所成の身は無礙にして常に瑜伽なり」を受けて読めば明らかであろう。各身が無礙に渉入・相応しているとき、その身が発揮している三密もまた無礙に渉入・相応していて当然である。世界はどこまでもダイナミックな活動態にあるのである。こうして、第二句「四種曼荼各離れず」において、「即」の語が、無数の個体（身）のあいだの不離・相即の関係のみならず、それぞれの個体が発揮する作用の不離・相入の関係をも意味することになった。このことは、じつは次の第三句の説明にも、第四句の説明にもくりかえし出てくることにもなるのである。

内証の世界の原風景

実際、第三句、「三密加持して速疾に顕る」の解説では、「即」は速やかの意において説明されてはいたものの、他の箇所にはたとえば次のようなことが説かれている。

一一の尊等に刹塵の三密を具して、互相に加入し、彼れ此れ摂持せり。衆生の三密も亦た復た是の如し。故に三密加持と名づく。若し真言行人有って此の義を観察し、手には印契を作って、口に真言を誦し、心、三摩地に住すれば、三密相応して加持するが故に、早く大悉地を得。

諸仏諸尊においては、彼らの無量の三密が「互相に加入し、彼れ此れ摂持」しているという。このことは、まさに第二句の「四種曼荼各離れず」において、各身に帰属すべき三密が相互に不離相応している姿を活写するものであろう。それはじつは、第一句の「六大無礙にして常に瑜伽なり」が、「六大の法界体性所成の身は、無障無礙にして、互相に渉入し相応せり。常住不変にして、同じく実際に住す」であることに基づくものでもあった。さらに先取りして言えば、次の第四句、「重重帝網のごとくなるを即身と名づく」の解説にも、その最初に「是れ則ち譬喩を挙ぐ。以て諸尊の刹塵の三密の円融無礙なることを明かす」と説かれているのである。とすれば、この諸仏諸尊の無量・無数（刹塵）の三密が交響するダイナミックな世界こそが、空海における内証の世界のまさに原風景なのであろう。如来の内証の世界としての曼荼羅を、けっして平面上の静止した姿のみでとらえるべきではない。

こうして、三密加持においては、一人の仏の加護を受けるのみではない、多数の仏等の「互相に加入し、彼れ此れ摂持」しているそのはたらきに包まれるはずである。「衆生の三密も亦た復た是の如し」とは、このことを言うとともに、じつは衆生間の三業の相互の即入もあるのが事実なのだと言っているようにさえ思われる。衆生は、自身と諸仏諸尊等とのあいだで、あるいは自身と他の衆生同士のあいだで、じつは体においても用においても、相即・相入しているとは、すでに華厳の教理においても言われていたことであろう。

なお、第三句に関する解説のなかに、次の説明もある。

又た云く、法身真如に入って一縁一相の平等なることを観ぜんこと、猶し虚空の如くせよ。若し能く無間に専注して修習すれば、現生に則ち初地に入りて、一大阿僧祇劫の福智の資糧を頓集す。衆多の如来に加持する所なるに由るが故に、乃ち十地・等覚・妙覚に至るまで薩般若を具して、自他平等にして一切如来の法身と共に同じく、常に無縁の大悲を以て無辺の有情を利楽し大仏事を作す、と。

ここに、「衆多の如来に加持する所なるに由るが故に」とある。とすれば、三密加持においては、ただ一人の大日如来のみでなく、「衆多の如来」のはたらきかけを自覚し、証することにもなるはずであろう。

しかも「三密相応するが故に、現身に速疾に本有の三身を顕現し証得す」ともあるが、この本有の三身もまた、もとよりあらゆる他者と関係を結んでいるはずである。諸仏諸尊は、他者であると同時に、本来的に自己に具足せられているものなのである。したがって、三密加持云々の第三句においても、仏身と衆生身とを問わずに、人人無礙のあり方にあるという曼荼羅的構造がしっかり踏まえられていることを思うべきであろう。

自己即曼荼羅

こうして、結局、第四句に「重重帝網のごとくなるを即身と名づく」と言わざるをえないことになる。その説明の最初には、「是れ則ち譬喩を挙ぐ。以て諸尊の刹塵の三密の円融無礙なることを明かす」とあるのであった。まさしく宇宙全体がとよめく動態そのものである。

ただしその後、ここでの説明は、三密が帰属すべき身そのものの関係性の説明へと移っていく。そこでは、自と他、衆生と仏等のあいだで、縦横重重にして、「彼の身は即ち是れ此の身なり、此の身は即ち是れ彼の身、仏身即ち是れ衆生の身、衆生の身即ち是れ仏身なり。不同にして同なり、不異にして異なり」とある。そのうえで、ある真言「アサンメイチリサンメイサンマエイソワカ」を示すのであったが、その真言についてはまた、次のように解説する。

初の句義は無等と云う。次は三等と云う。後の句は三平等と云う。仏法僧、是れ三なり。身語意、亦た三なり。心仏及び衆生、三なり。是の如くの三法は、平等平等にして一なり。一にして無量なり、無量にして一なり。而も終《つい》に雑乱《ぞうらん》せざるが故に重重帝網名即身と曰う。

即身の即とは、「一にして無量なり、無量にして一なり」というような、重重無尽の相即の意味だという。言い換えれば、自己はあらゆる他者と相即しているあり方にあるのであり、そういう自己であることが即身だということであろう。まさに自己即曼荼羅のあり方そのものである。しかもじつは、この第四句の解説の冒頭の句からすれば、各身が相即しているだけでなく、その各身の三密が円融無礙なのであった。その宇宙全体の果てしない動態を忘れるべきではない。

あらゆる他者を具している身

ともあれ、こうしてみると、『即身成仏義』の「即身成仏頌」が明かす「即身」とは、一貫して、相互に渉入するあらゆる他者を具している身であることとこそを意味していることになる。「三密加持速疾顕」の句の解説においては、「即」を速の意味で説明していたが、「即身成仏頌」前半四句の全体を通じては、むしろあらゆる他者との相即の「即」の意のほうが強調されているのである。それも、じつは身の関係のみでなく、その個々の身の活動が交響しあっていることとこそを読むべきであろう。考えてみれば、「即身成仏」の「即身」とは、「重重帝網のごとくなる」を言うのだと、もとより頌に結論的に明言されていたことであった。

なお、「身」の語そのものに、このような「即」の意味が含まれているという解釈もある。『秘蔵記』に、金剛界の界＝身に関して、「身は即ち聚集の義なり。言うこころは、一身に無量の身を聚集す。又た持の義なり。此の金剛の身は、三十五仏、百八尊、乃至無量の仏を堅持す」とあるのであった（定本第五巻、一二五頁）。

空海の独創的な解釈

以上によれば、『即身成仏義』の「即身成仏」は、けっしてかの古来の宗学者が明かす三つの読み方でも収まるものではないことになる。結局、『即身成仏義』が明かす「即身成仏」の意味は、あらゆる他者と重重帝網の無尽の関係を織り成す即身として、すでに成仏しており、かつ密教の教えにしたがえば、そのあり方をまどかに自覚・実現すべく現世のうちに速疾に成仏するということになる。じつのところ顕教においても、いわゆる時間的な意味での即身成仏のことは、『法華経』によったり『華厳経』によったりして、少なからず言われていた。しかし空海の『即身成仏義』では、他者との相即身としての即身こそが明かされているからこそ、顕教の単に時間的な速疾性を言うのみの即身成仏とはまったく異なるということを、深く思うべきである。この「即身成仏」の理解は、語の表面的な意味の了解にとどまらない、「即身成仏」の「字義」を深く究明した空海の独創的な解釈である。

空海のこの立場に立った「即身成仏」の語の読み方は、「(一切の他者と相)即せる身において成仏している」、あるいは「(一切の他者と相)即せる身として成仏する」といった読み方となるであろう。したがって、前に掲げた即身成仏の語の三つの読み方、

「即ちの身、成れる仏の義」

「身に即して仏と成る義」
「即《すみやか》に身、仏と成る義」に、
「(他者と)即せる身として成れる仏の義」
「(他者と)即せる身として仏と成る義」

の読み方も加えるべきである。空海が主張するこの「即身」の内容は、内証における曼荼羅構造そのものを表すものなのであった。それ故にこそ、一切の仏法はこの一句、「即身成仏」を出ないということにもなるのであろう。

あらゆる他者を自己とする

ちなみに、覚鑁《かくばん》の『般若心経秘鍵略註』には、即には七つの意味があり、即身成仏の即は、そのなかの速疾・相即・不離の義である旨が記されているという。相即や不離を指摘するのは覚鑁の見識を物語るものであろう。即の七義は、そこには記されていないが、杲《ごう》宝《ほう》の『即身義東聞記』などには、即には当体・無礙・常住・相応・輪円・不離・速疾の七義があると伝えるという(小田、一七頁)。これらは、「即身成仏頌」の前半、即身を表す頌の解説の内容を取り出したもののようである。

じつは空海の密教においては、自己が他者と重重無尽の関係を織り成しているだけでなく、その故にその全体が自己であるということはしばしば語られている。いわば本来的に曼荼羅の全体が自己であるということである。このことについては、たとえば、『吽字義』の「麼」字の解説のなかにも、次のような主張がある。

若し麼字の吾我門に入れば、之に諸法を摂すること一一の法として該《か》ねざること無し。故に経に云く、我れ則ち法界なり、我れ則ち法身なり、我れ則ち大日如来なり、我れ則ち金剛薩埵なり、我れ則ち一切仏なり、我れ則ち一切菩薩なり、我れ則ち縁覚なり、我れ則ち声聞なり、我れ則ち大自在天なり、我れ則ち梵天なり、我れ則ち帝釈なり、乃至、我れ則ち天竜鬼神八部衆等なり。一切の有情非情は、麼字にあらざること無し。是れ則ち一にして而も能く多なり、小にして而も大を含す。故に円融の実義と名づく。(定本第三巻、六六〜六七頁)

あるいはまた、このことを説くものが、たとえば『秘蔵宝鑰』の第十・秘密荘厳心にまとめられた次の頌である。

九種の住心は自性無し、転深転妙なれども皆な是れ因なり。

真言密教は法身の説、秘密金剛は最勝の真なり。

五相五智法界体なり、四曼四印、此の心に陳ず。

刹塵の渤駄は吾が心の仏なり、海滴の金蓮は亦た我が身なり。

一一の字門、万像を含み、一一の刀金、皆な神を現ず。

万徳の自性は輪円して足れり、一生の得証は荘厳の仁なり。（定本第三巻、一六七～一六八頁）

ここに、「刹塵の渤駄は吾が心の仏なり、海滴の金蓮は亦た我が身なり」とあり、測り知れない諸仏・諸尊が自己に具わっているというのである。そのことがまさに秘密荘厳ということの主要な内容でもあるであろう。

さらに、『秘密曼荼羅十住心論』の第十・秘密荘厳住心の冒頭にも、次の説がある。

秘密荘厳住心といっぱ、即ち是れ究竟じて自心の源底を覚知し、実の如く自身の数量を証悟するなり。謂わゆる、胎蔵海会の曼荼羅、金剛界会の曼荼羅、金剛頂十八会の曼荼羅と是れなり。是《かく》の如くの曼荼羅に、各各に四種曼荼羅・四智印等有り。四種と言っぱ、摩訶と三昧耶と達磨と羯磨と是れなり。是《かく》の如くの四種曼荼羅、其の数無量なり。刹塵も喩に非ず、海滴も何ぞ比せん。（定本第二巻、三〇七頁）

ここにも、まさに自心の源底は曼荼羅であり、その数量を証悟するのだとある。もちろんその数量は莫大なものがあるであろう。真言密教の世界においては、もとよりそういう自己であることが覚証されるはずなのである。

こうして、空海においては、あらゆる他者を自己とするということがくりかえし明かされている。このことは基本的に、自己即曼荼羅ということであり、さらに自己も自己と関係を結んでいる他者もそれぞれ三密を発揮しており、その「一一の尊等に刹塵の三密を具して、互相に加入し、彼れ此れ摂持せり」とあったことが、もとよりこの身においても成就しているということである。だからこそ、加持ということも実現するであろう。密教においては、このように、はてしなく交響する宇宙のなかに生かされて生きている自己の自覚が、即身成仏においてもたらされるであろう。

『即身成仏義』は、単にこの世の身において成仏するということのみを説くものではない。じつに「重重帝網のごとくなるを即身と名づく」なのである。この自己即曼荼羅（これこそが即身の意味）がすでに成就しており、かつそのことが三密加持等によって具現・成就することを描いているものなのである。この空海における「即身成仏」の独自性を、けっして見逃すべきではないと思うのである。

あとがき

二〇〇二年四月、東洋大学文学部インド哲学科の日本仏教担当の教授に着任して以来、四、五年前まで、大学院では日本仏教関係の文献講読の授業をおこなってきた。その授業においていつしか、弘法大師空海の諸著作を読むようになった。空海の主著・『秘密曼荼羅十住心論』を簡略にまとめたという『秘蔵宝鑰』は、当時の空海が扱うことのできたあらゆる思想を網羅していて、しかも優れた仏教概論のようでもあり、感銘を深くしたが、空海がとらえる密教そのものの人間観・世界観の詳しい説明は欠けているように思われた。

そこで、『弁顕密二教論』によって顕教とは異なる密教の特質を理解するとともに、密教そのものの世界を解説する『即身成仏義』『声字実相義』『吽字義』の三部作の講読に進み、密教独自の風景にふれることができた。とはいえ、空海の著作は、言葉がむずかしく、じつは暗号（密号）を用いていたりして、簡単に了解できるものではなかった。そのなか、特に『即身成仏義』には空海の世界観がまとまって示されているように思え、その後、この論書を一人で何回も読み返すようになった。いつか空海の哲学を書きたいと思いながらも、その着手にさえいっこうにたどり着けなかった。短章とはいえ、やはりなかなかに難解で奥深いものだったからである。

それに空海の著作を真に理解するには、事相（密教の観行）を修しておくことが必須であるが、私はいまだ行じたことはない。よって空海の説くところのすべてを余すところなく了解することなど、とうていできない身に違いない。本文の訓《よ》みに関しても古義（空海以来）・新義（覚鑁以来）等においてけっこう違いもありそうだし、そもそも読み下しそのものが諸本でかなり違う場合もある。私のように宗門の門外漢にとって、そのような空海の著作を読むには大きな困難がともなわれているのが実情である。

しかしながら、その領解にある種の限界があるとはいえ、とりわけ『即身成仏義』を私なりに読むなかで立ち現れてきた世界は、立体的で辺際なく、光明と大悲とが交響するダイナミックな世界であった。そこで私としては、その魅力の一端をぜひ描いてみたいと思ったのであった。その具体化にもなお多くの時間を要したが、このたびようやく実現したのが本書である。

すでに前に記した事情から、本書には不備不足も多々あるかもしれない。また新書版ということで、用意した原稿をかなり削減してまとめたことも事実である。ともあれ本書を起点として、今後、空海の研究をさらに深めて参りたいと思う。識者のご指導・ご鞭撻を切にお願いする次第である。

最後に、編集の所澤淳氏には、多くのご助言をいただき、辛抱強く待っていただいた。心より御礼申し上げる。

令和二年一月二十日

つくば市・故道庵にて

竹村　牧男　記す

講談社現代新書　2567

空海《くうかい》の哲学《てつがく》

二〇二〇年三月二〇日第一刷発行

著　者　竹村牧男《たけむらまきお》　

発行者　渡瀬昌彦
発行所　株式会社講談社
東京都文京区音羽二丁目一二―二一　郵便番号一一二―八〇〇一
電　話　〇三―五三九五―三五二一　編集（現代新書）
〇三―五三九五―四四一五　販売
〇三―五三九五―三六一五　業務
装幀者　中島英樹
印刷所　株式会社新藤慶昌堂
製本所　株式会社国宝社
定価はカバーに表示してあります　Printed in Japan

N.D.C. 188.52　321p　18cm
ISBN978-4-06-519134-7

「講談社現代新書」の刊行にあたって

教養は万人が身をもって養い創造すべきものであって、一部の専門家の占有物として、ただ一方的に人々の手もとに配布され伝達されうるものではありません。

しかし、不幸にしてわが国の現状では、教養の重要な養いとなるべき書物は、ほとんど講壇からの天下りや単なる解説に終始し、知識技術を真剣に希求する青少年・学生・一般民衆の根本的な疑問や興味は、けっして十分に答えられ、解きほぐされ、手引きされることがありません。万人の内奥から発した真正の教養への芽ばえが、こうして放置され、むなしく滅びさる運命にゆだねられているのです。

このことは、中・高校だけで教育をおわる人々の成長をはばんでいるだけでなく、大学に進んだり、インテリと目されたりする人々の精神力の健康さえもむしばみ、わが国の文化の実質をまことに脆弱なものにしています。単なる博識以上の根強い思索力・判断力、および確かな技術にささえられた教養を必要とする日本の将来にとって、これは真剣に憂慮されなければならない事態であるといわなければなりません。

わたしたちの「講談社現代新書」は、この事態の克服を意図して計画されたものです。これによってわたしたちは、講壇からの天下りでもなく、単なる解説書でもない、もっぱら万人の魂に生ずる初発的かつ根本的な問題をとらえ、掘り起こし、手引きし、しかも最新の知識への展望を万人に確立させる書物を、新しく世の中に送り出したいと念願しています。

わたしたちは、創業以来民衆を対象とする啓蒙の仕事に専心してきた講談社にとって、これこそもっともふさわしい課題であり、伝統ある出版社としての義務でもあると考えているのです。

一九六四年四月　野間省一

哲学・思想Ⅰ

66 哲学のすすめ――岩崎武雄
159 弁証法はどういう科学か 三浦つとむ
501 ニーチェとの対話――西尾幹二
871 言葉と無意識――丸山圭三郎
898 はじめての構造主義 橋爪大三郎
916 哲学入門一歩前――廣松渉
921 現代思想を読む事典 今村仁司 編
977 哲学の歴史――新田義弘
989 ミシェル・フーコー 内田隆三
1001 今こそマルクスを読み返す 廣松渉
1286 哲学の謎――野矢茂樹
1293 「時間」を哲学する――中島義道

1315 じぶん・この不思議な存在――鷲田清一
1357 新しいヘーゲル――長谷川宏
1383 カントの人間学――中島義道
1401 これがニーチェだ――永井均
1420 無限論の教室――野矢茂樹
1466 ゲーデルの哲学――高橋昌一郎
1575 動物化するポストモダン 東浩紀
1582 ロボットの心――柴田正良
1600 ハイデガー=存在神秘の哲学――古東哲明
1635 これが現象学だ――谷徹
1638 時間は実在するか 入不二基義
1675 ウィトゲンシュタインはこう考えた 鬼界彰夫
1783 スピノザの世界――上野修

1839 読む哲学事典――田島正樹
1948 理性の限界――高橋昌一郎
1957 リアルのゆくえ――大塚英志 東浩紀
1996 今こそアーレントを読み直す――仲正昌樹
2004 はじめての言語ゲーム――橋爪大三郎
2048 知性の限界――高橋昌一郎
2050 超解読! はじめてのヘーゲル『精神現象学』 竹田青嗣 西研
2084 はじめての政治哲学 小川仁志
2099 超解読! はじめてのカント『純粋理性批判』 竹田青嗣
2153 感性の限界――高橋昌一郎
2169 超解読! はじめてのフッサール『現象学の理念』――竹田青嗣
2185 死別の悲しみに向き合う――坂口幸弘
2279 マックス・ウェーバーを読む――仲正昌樹

哲学・思想Ⅱ

13 論語――貝塚茂樹
285 正しく考えるために 岩崎武雄
324 美について――今道友信
1007 日本の風景・西欧の景観――オギュスタン・ベルク 篠田勝英 訳
1123 はじめてのインド哲学 立川武蔵
1150 「欲望」と資本主義――佐伯啓思
1163 「孫子」を読む――浅野裕一
1247 メタファー思考――瀬戸賢一
1248 20世紀言語学入門 加賀野井秀一
1278 ラカンの精神分析――新宮一成
1358 「教養」とは何か――阿部謹也
1436 古事記と日本書紀 神野志隆光
1439 〈意識〉とは何だろうか 下條信輔
1542 自由はどこまで可能か 森村進
1544 倫理という力――前田英樹
1560 神道の逆襲――菅野覚明
1741 武士道の逆襲――菅野覚明
1749 自由とは何か――佐伯啓思
1763 ソシュールと言語学――町田健
1849 系統樹思考の世界――三中信宏
1867 現代建築に関する16章 五十嵐太郎
2009 ニッポンの思想――佐々木敦
2014 分類思考の世界――三中信宏
2093 ウェブ×ソーシャル×アメリカ 池田純一
2114 いつだって大変な時代――堀井憲一郎
2134 いまを生きるための思想キーワード――仲正昌樹
2155 独立国家のつくりかた 坂口恭平
2167 新しい左翼入門――松尾匡
2168 社会を変えるには――小熊英二
2172 私とは何か――平野啓一郎
2177 わかりあえないことから 平田オリザ
2179 アメリカを動かす思想 小川仁志
2216 まんが 哲学入門――森岡正博 寺田にゃんこふ
2254 教育の力――苫野一徳
2274 現実脱出論――坂口恭平
2290 闘うための哲学書――小川仁志 萱野稔人
2341 ハイデガー哲学入門 仲正昌樹
2437 ハイデガー『存在と時間』入門――轟孝夫

宗教

27 禅のすすめ――佐藤幸治
135 日蓮――久保田正文
217 道元入門――秋月龍珉
606 「般若心経」を読む――紀野一義
667 生命《いのち》あるすべてのものに　マザー・テレサ
698 神と仏――山折哲雄
997 空と無我――定方晟
1210 イスラームとは何か――小杉泰
1469 ヒンドゥー教　クシティ・モーハン・セーン　中川正生 訳
1609 一神教の誕生――加藤隆
1755 仏教発見！――西山厚
1988 入門　哲学としての仏教　竹村牧男
2100 ふしぎなキリスト教――橋爪大三郎　大澤真幸
2146 世界の陰謀論を読み解く――辻隆太朗
2159 古代オリエントの宗教　青木健
2220 仏教の真実――田上太秀
2241 科学vs.キリスト教――岡崎勝世
2293 善の根拠――南直哉
2333 輪廻転生――竹倉史人
2337 『臨済録』を読む――有馬頼底
2368 「日本人の神」入門――島田裕巳

日本語・日本文化

P